버팀에서 원칙으로

암호화폐 폭락장에서 버팀이 만든 투자 철학

버팀에서 원칙으로

김환일 지음

한 줄의 문장이 바꾼 투자 인생

"생각이 태도를 바꾸고, 태도가 습관을 만들며,
습관은 결국 나의 삶과 투자를 결정한다."

좋은땅

프롤로그

한 줄의 문장이 나를 투자자로 만들다

인생을 살다 보면 누구나 자신만의 벽을 마주한다. 어떤 벽은 가난의 이름으로, 어떤 벽은 실패와 좌절의 모습으로 다가온다. 나 역시 예외는 아니었다. 어린 시절, 돈이 부족해 움츠러들어야 했고, 사회 초년생 때는 끝이 보이지 않는 시험 준비 속에서 매일 무너졌다. 그 시절의 하루는 마치 끝이 보이지 않는 긴 터널 같았다. 숨이 막히고, 빛은 보이지 않았다.

그 과정에서 나는 수없이 자문했다.
"나는 왜 이렇게까지 버텨야 하는가?"
"삶에서 정말 중요한 것은 무엇인가?"
"돈은 과연 어떤 의미인가?"

답은 쉽게 얻어지지 않았다. 그러나 이상하게도 완전히 포기할 수는 없었다. 언젠가 이 시간이 지나면 내가 배운 무언가를 다른 사람과 나눌 수 있지 않을까. 지금은 힘들어도, 언젠가 돌아보면 이 시간이 나를 단단하게 만들지 않을까. 그 희미한 믿음이 다시 나를 책상 앞으로 불러냈다.

그 긴 터널 속에서 나를 붙잡아 준 건 거창한 성공담도, 특별한 정보도 아니었다. 오히려 누군가 남겨 둔 한 줄의 문장이었다.

책은 결국 사람과 사람을 이어 주는 다리라고 나는 생각한다.
나 역시 누군가의 글 속에서 길을 찾았고, 한 줄의 문장이 나를 다시 일으켜 세워 주었다. 그 문장들은 때로는 스승이었고, 때로는 위로였으며, 때로는 날카로운 질문이 되어 내 삶을 흔들어 놓았다.

이 책을 펼친 지금, 독자 여러분께 내가 드리고 싶은 건 화려한 성공담이 아니다. 오히려 넘어지고, 흔들리고, 다시 일어나며 붙잡았던 작은 문장들, 그리고 그 문장 속에서 길어 올린 깨달음이다. 투자는 단순히 돈을 불리는 과정이 아니라, 흔들리는 마음을 다잡고 삶을 지켜내는 과정이라는 것을 나는 경험으로 배웠다. 그리고 그 배움의 중심에는 언제나 '한 줄의 문장'이 있었다.

이 책은 그 문장들과 내가 걸어온 시간을 기록한 작은 지도와도 같다. 읽어 내려가다 보면, 어느 장에서는 내 실패가, 어느 장에서는 내 성찰이, 그리고 어느 장에서는 내 다짐이 독자 여러분의 삶과도 교차할 것이다. 나는 그 지점에서 독자가 잠시 멈춰 서서 스스로에게 질문을 던지기를 바란다.

"나는 지금 어떤 길을 걷고 있는가?"
"내가 지키고 싶은 삶의 중심은 무엇인가?"

각 장의 끝에는 내가 그 길에서 건져 올린 배움을 '통찰 편'으로 정리해 두었다. 그것은 단순한 요약이 아니라, 독자가 잠시 숨을 고르고 자신의 삶과 연결 지어 생각해 볼 수 있는 공간이 되기를 바란다. 책을 덮은 후에도 마음속에 남아 곱씹을 수 있는 작은 가이드이자, 삶의 무게를 견딜 때 붙잡을 수 있는 짧은 문장으로 남았으면 한다.

이 책은 완벽한 해답을 담고 있지 않다. 다만 흔들리며 살아가는 한 사람이 글과 기록을 통해 어떻게 다시 중심을 세웠는지 고백한 작은 여정일 뿐이다. 그 고백이 독자 여러분께 닿아, 언젠가 당신만의 한 줄을 찾아가는 길 위에서 작은 불빛이 되어 주기를 바란다.

차례

프롤로그

한 줄의 문장이 나를 투자자로 만들다 ··· 5

Part 1. 투자자의 출발점 - 시작은 언제나 버팀이었다 ··· 13

들어가며 ··· 14

1장 | 결핍이 남긴 흔적

근검절약의 기억 ··· 16

부끄러움 속의 부러움, 그리고 작은 즐거움 ··· 22

절약이 남긴 힘 ··· 28

1장을 마치며
- 자본주의와 가난에 대한 나의 통찰 ··· 33

2장 | 가장 어두운 터널에서 배운 것

무너져 가던 청춘의 나날 ··· 38

버팀에서 시작된 원칙 ··· 42

돈 앞에서의 무지와 불안 ··· 44

버팀이 원칙으로 자라는 순간 ··· 49

2장을 마치며

- 버팀과 원칙이 남긴 청춘의 통찰 ··· 52

Part 2. 투자자의 길 - 실패 속에서 원칙을 찾다 ··· 55

들어가며 ··· 56

3장 | 잃어 본 자만이 깨닫는 것

사기라 치부했던 비트코인과의 조우 ··· 58

탐욕과 공포가 흔드는 마음 ··· 63

돈의 달콤함, 무지의 대가 ··· 67

무너진 계좌와 흔들린 자존감 ··· 73

포기 대신 버팀을 선택 ··· 78

손실 속에서 얻은 작은 단서 ··· 82

3장을 마치며

- 잃음이 남긴 깨달음의 통찰 ··· 86

4장 | 투자자의 원칙

22년도 공포의 해 ··· 89

차트보다 인간심리가 먼저다	⋯ 94
군중을 따라가도록 설계된 본능	⋯ 99
내 마음의 성장과 훈련	⋯ 103
원칙을 세우고, 삶으로 확장하다	⋯ 107
내 분할매수의 원칙과 교훈	⋯ 114
4장을 마치며	
- 원칙은 결과가 아니라 과정의 통찰	⋯ 121

5장 | 작은 성공에서 배운 것

투자 동지와의 만남	⋯ 124
내 안의 적, 조급함의 실수	⋯ 130
시장은 언제나 우리를 시험한다	⋯ 135
시장보다 더 큰 파도, 아내의 눈물	⋯ 143
투자의 본질은 결국 나 자신과의 싸움	⋯ 149
5장을 마치며	
- 작은 성공이 던진 진짜 질문에 대한 통찰	⋯ 154

Part 3. 투자자의 철학 - 삶과 기록으로 남다	⋯ 157
들어가며	⋯ 158

6장 | 돈은 삶을 지탱하는 힘이다

직장 10년 차 선배의 조언, 놓쳐선 안 될 것들	… 159
돈을 추구하다 잃을 수 있는 것들	… 171
투자는 돈의 기술이 아니라 삶의 태도다	… 177
6장을 마치며	
- 돈과 삶의 균형을 돌아보는 성찰	… 185

7장 | 단순함과 기다림의 철학, 그리고 실행

투자의 본질은 단순함, 그리고 기다림이다	… 188
기다림의 심리학	… 193
가족과 함께 배운 기다림	… 198
7장을 마치며	
- 기다림, 삶을 지키는 힘에 대한 통찰	… 204

Part 4. 기록하는 투자자 - 글로 쌓는 또 하나의 자산 … 207

들어가며 … 208

8장 | 기록된 투자일지 - 2022년과 2023년의 시간

대하락장의 연대기와 나의 기록	… 210
2023년, 상승의 공포 속에서	… 219
하락장의 시그널과 나만의 매도 시기	… 230
8장을 마치며	
- 투자는 결국 삶을 고백하는 성찰	… 238

9장 | 기록에서 철학으로

책 속 문장이 준 힘	⋯ 242
블로그에서 시작된 사유	⋯ 249
글쓰기가 만든 성찰	⋯ 254
한 줄의 문장이 바꾼 삶	⋯ 258
기록이 투자 철학으로 이어지는 순간	⋯ 265
기록은 나의 두 번째 투자	⋯ 267
9장을 마치며	
- 마인드와 기록에 대한 성찰	⋯ 275

에필로그

작은 불빛이라도, 누군가의 길 위에	⋯ 280
감사의 글	⋯ 282
참고문헌	⋯ 286

Part 1.
투자자의 출발점

시작은 언제나 버팀이었다

들어가며

투자는 숫자보다 더 오래된 기억에서 시작된다.
내게는 부모님의 근검절약, 버티는 시험공부의 시간들이 그 출발점이었다.
돈이 없어 움츠렸던 순간들이 나를 단단하게 만들었고, 버텨낸 날들이 결국 투자자로 서는 토대가 되었다.

돌이켜보면 투자라는 것은 단순히 돈을 불리는 기술이 아니라, 삶을 살아온 태도의 연장선이었다. 어린 시절의 결핍이 내게 가르쳐 준 것은 단순한 아쉬움이 아니었다. 그것은 기다리는 법, 욕망을 다스리는 법, 그리고 불안 속에서도 자신을 붙잡는 법이었다. 시험공부를 버텨낸 나날은 숫자를 계산하는 능력이 아니라, 고통과 지루함을 견디는 힘을 키워 주었다.

이 파트는 나의 가장 원초적인 경험, 결핍과 버팀 속에서 배운 삶의 태도를 담았다. 그것은 투자자의 출발점이자, 오늘의 나를 만든 뿌리였다.

1장

결핍이 남긴 흔적

| 근검절약의 기억

어린 시절의 결핍이 남긴 장면들

나는 태어날 때부터 궁핍하지는 않았다. 밥을 굶거나 하루 세 끼가 부족한 적은 없었다. 하지만 내 아버지는 누구보다도 철저하게 근검절약을 실천하는 분이었다. 집안의 모든 생활은 철저히 계산되어 있었고, 불필요한 지출은 허용되지 않았다.

어린 나에게 그것은 공기처럼 당연한 환경이었지만, 마음속에 남은 감정은 언제나 '갖지 못한 것들에 대한 갈망'이었다. 그 갈망은 때때로 부끄러움으로 바뀌었다.

운동화를 예로 들어 보자. 새 학기가 시작되면 반 아이들 대부분은 반짝거리는 새 신발을 신고 나타났다. 신발에서는 아직 군지 않은 고무 냄새가 풍겼고, 달릴 때마다 '끼익' 소리가 나며 바닥을 긁었다. 그 소리는 어린 나에게는 일종의 '부의 상징'처럼 들렸다. 하지만 나는 몇 해째 같은 운동화를 신고 다녔다. 뒷굽은 비스듬히 닳아 있었고, 발뒤꿈치가 기울어 걷는 모습까지 초라해 보였다.

신발에 구멍이 나면 새로 사 주시는 대신, 아버지는 본드를 꺼내 붙이거나 동네 수선집에 맡겼다. 수선된 신발은 잠시 멀쩡해 보였지만, 얼마 지나지 않아 다시 터지기 일쑤였다. 비가 오면 그 틈으로 물이 스며들어 양말이 흠뻑 젖었다. 젖은 양말은 교실에서 수업을 듣는 내내 발에 달라붙어 서늘함을 남겼고, 나는 괜히 발을 주머니에 집어넣어 친구들의 눈을 피하려 했다.

그때의 감각은 지금도 선명하다. 젖은 양말이 발에 달라붙어 축축하게 스며드는 느낌, 발끝에서 올라오는 냉기가 허벅지까지 차갑게 번져 오는 순간, 그리고 그 불편함을 들키지 않으려 괜히 의자를 긁적이며 발을 꼼지락거리던 모습. 교실 창가에 앉아 있을 때면, 바깥 햇살은 따뜻했지만 내 발끝은 얼음장 같았다. 친구들이 장난스럽게 신발을 벗어 던질 때마다 나는 혹시 내 신발이 눈에 띌까 봐 두 손으로 꾹 누르며 숨겼다.

그 시절 내 마음을 가장 크게 흔들었던 건 '부끄러움'이었다. 친구들이 반짝거리는 신발을 신고 운동장을 달릴 때, 나는 늘 뒤처지는 기분이 들었다. 신발은 단순한 물건이 아니었다. 그것은 나와 세상 사이의 경계선 같았다. 지금 돌이켜보면 단순한 운동화 한 켤레였지만, 어린 시절의 나에겐 자존심과 체면, 그리고 세상과 나를 구분 짓는 낙인과도 같았다.

차도 그랬다. 우리 집에는 오래된 엘란트라가 있었다. 군대에 갈 때까지도 그 차를 탔는데, 세월의 흔적이 깊게 스며 있었다. 특히 뒷유리창은 고장이 잦아, 내려간 뒤에는 좀처럼 올라오지 않았다. 그래서 가족들은 늘 창문을 손으로 밀어 올려야만 했다.

한번은 친구가 집에 놀러왔다가 우리 차를 얻어 탔다. 차가 신호에 걸려 멈추자 창문이 스르르 내려갔다. 나는 당연하다는 듯 두 손으로 유리를 밀어 올렸다. 순간 얼굴이 화끈 달아올랐다. 친구는 아무 말도 하지 않았지만, 그 침묵이 오히려 더 크게 부끄러움을 안겼다. 나는 아무렇지 않은 척 웃었지만, 마음속에는 '나는 다른 아이들과 다르구나.'라는 깊은 각인이 찍혔다.

엘란트라는 단순한 교통수단이 아니었다. 그 안에는 늘 아버지의 출근 흔적과 가족의 시간들이 켜켜이 쌓여 있었다. 오래된 천 시트에서는 특유의 퀴퀴한 냄새가 났고, 시동을 걸면 묵직한 엔진 소리가 '쿵' 하고 울렸다. 그 소리는 늘 우리 가족의 이동을 알리는 신호였지만, 친구 앞에서는 세상에서 가장 시끄럽게 느껴졌다.

가족여행도 드물었다. 아버지는 주말에도 근무를 나가야 했고, 가족이 함께 나서는 날은 손에 꼽았다. 명절이면 친척 아이들이 다녀온 여행 이야기를 자랑했는데, 제주도와 해외여행, 놀이공원 얘기 속에서 나는 늘 침묵했다. 간혹 여행을 떠나더라도 휴게소에 들르면 먹고 싶었던 떡볶이나 핫도그를 멀리서 바라보기만 했다. 아버지는 말씀하셨다.

"집에 가서 엄마가 해 주는 밥 먹으면 되잖아."

그 말은 어린 마음에 야속했지만, 지금 생각하면 '돈은 쉽게 쓰면 안 된다.'는 철학이 담겨 있었다.

어린 시절 내가 가장 하고 싶었던 건 미술학원에 다니는 일이었다. 그림 그리기를 좋아했고, 학원에서 보내는 시간은 즐거웠다. 하지만 한 달 만에 그만둬야 했다. 그 짧은 한 달은 내게 특별한 추억으로 남았지만, 친구들이 몇 년씩 그림을 배우는 모습을 보며 아쉬움이 크게 다가왔다. 그때 나는 종종 이렇게 중얼거렸다.
'왜 나는 오래 다니지 못할까. 우리 집은 왜 항상 빠듯할까.'

집안에는 늘 돈 이야기가 오갔다.
"돈은 쉽게 버는 게 아니다."
"절약하지 않으면 다 무너진다."

때로는 돈 문제로 다투시는 부모님의 모습을 지켜보아야 했다. 어린 나에게 그것은 불안으로 남았다. 하지만 지금은 안다. 그것은 단순한 다툼이 아니라 가족을 지키려는 절박한 몸부림이었다. 작은 소리로 오가는 말싸움조차, 결국은 가정을 유지하려는 또 다른 방식의 대화였다.

세월이 흘러 성인이 된 후, 어머니께서 내 어린 시절 미술학원 이야기를 꺼내신 적이 있었다. 짧게 다니다 그만둔 일을 여전히 기억하고 계신 걸 보면, 그때 어머니 또한 넉넉하지 못한 형편 속에서 우리를 키우며 얼마나 속상하셨을지 짐작할 수 있었다. 그 마음을 떠올리니 나 역시 가슴이 먹먹해졌다. 나는 어릴 적부터 돈이라는 것이 하고 싶은 일과 할 수 없는 일을 갈라놓는 냉정한 기준이라는 사실을 배웠다. 그리고 주도권을 갖지 못한다는 막연한 무력감 속에서, 언젠가 반드시 부자가 되고 싶다는 다짐을 품게 되었다.

결핍이 남긴 교훈과 힘

결국 부모님의 절약은 내게 두 가지 얼굴로 남았다. 어린 시절에는 아쉽고 답답했다. 그러나 시간이 흐른 지금은 알게 된다. 그 모든 절약 속에는 가족을 향한 책임감과 사랑이 있었다는 것을.

신발 뒷굽을 붙여 가며 버티던 기억, 손으로 창문을 밀어 올리던 부끄러운 순간조차 이제는 미소 지으며 떠올릴 수 있다. 그것들은 단순히 결핍의 흔적이 아니라, 내 삶의 토대였다.

결핍은 나를 움츠리게 했지만, 동시에 절제의 규율을 심어 주었다. 부족함은 나를 작아지게도 했지만, 끝내 나를 단단하게도 만들었다. 오늘의 내가 위기 앞에서 쉽게 흔들리지 않는 이유, 투자라는 파도 앞에서 끝까지 버틸 수 있는 힘은 바로 그 시절의 경험에서 비롯된 것이다.

나는 이제 안다. 결핍은 단순한 고통이 아니라, 시간이 지나면 삶의 뼈대가 되는 자산이라는 것을. 어린 시절의 불편함이 지금의 나를 단련시켰고, 앞으로의 길을 버티게 하는 힘이 되어 주었다.

| 부끄러움 속의 부러움, 그리고 작은 즐거움

부끄러움이 남긴 그림자

어린 시절 나를 괴롭힌 건 단순한 가난이 아니었다. 오히려 비교였다. 교실에 들어서면 아이들의 옷차림은 나와 확연히 달랐다. 반짝이는 운동화, 새 옷의 빳빳한 주름, 계절마다 바뀌는 가방과 필통. 그런 것들은 내 눈에 부러움으로 다가왔고, 동시에 내가 가진 것들을 더 초라하게 만들었다.

특히 잊지 못할 순간이 있다. 내가 유난히 좋아하던 셔츠가 있었다. 오래 입어도 질리지 않았고, 학교 갈 때마다 자주 입던 애착 어린 옷이었다. 그런데 어느 날 작은아버지가 집에 들렀을 때, 무심코 던진 한마디가 내 가슴을 내려앉게 했다.

"어, 저거 내가 학생 때 입던 옷 아니야? 와… 이게 아직까지 있었어? 너도 참 대단하다. 아직까지 이런 걸 입고 있다니."

그 한마디는 번개처럼 나를 덮쳤다. 순간 얼굴이 화끈 달아올라 귀 끝까지 열기가 번졌다. 가슴은 철렁 내려앉았고, 두 손은 본능적으로 셔츠 자락을 만지작거렸다. 그날따라 그 셔츠의 주름이 더 깊게 보였고, 색깔이 바랜 부분이 더 선명하게 느껴졌다.

내가 애착을 갖고 자주 입던 옷이었지만, 그 순간만큼은 낡음과 초라함이 전부 드러나는 것 같았다.

나는 속으로 중얼거렸다.
'이 옷이 작은아버지가 입었던 옷이라니…. 그럼 도대체 얼마나 오래된 옷일까.'

사실 친척 형에게 물려받아 입는 옷은 많았다. 대수롭지 않게 여겼던 적도 있다. 하지만 '작은아버지가 학생 시절에 입던 옷을 내가 지금 입고 있다.'는 사실은 달랐다. 그것은 단순히 헌 옷을 입는 차원을 넘어, 내 존재 자체가 '낡음'을 두르고 있는 듯한 감각을 안겼다. 좋아하던 옷은 하루아침에 부끄러움의 상징으로 바뀌어 버렸다.

그때의 감정은 단순한 순간의 당황스러움이 아니었다. 비교에서 비롯된 열등감이었다. 친구들이 새 옷을 입고 교실에 들어올 때, 나는 괜히 팔꿈치로 내 옷자락을 가렸다. 수업이 끝나고 운동장에서 뛰어놀 때에도 셔츠가 펄럭일까 봐 괜히 신경이 쓰였다. 옷은 단순한 천 조각이었지만, 그 옷이 나를 규정하는 낙인처럼 느껴졌다.

사춘기가 다가올수록 비교는 점점 더 나를 옥죄었다. 친구들이 유행하는 브랜드의 새 옷을 입고 교실에 들어올 때마다, 나는 본능처럼 고개를 숙였다. 새 옷 특유의 빳빳한 주름과 선명한 로고가 눈에 들어오면, 내 옷의 낡음이 더 선명하게 드러나는 것 같았다.

누군가 "옷 멋지다."라는 칭찬을 건네면, 그 말은 공기 중에서 사라져 버리고 내게는 들리지 않는 투명한 벽처럼 가로막혔다. 그 순간 나는 존재감이 사라지는 듯한 기분을 느꼈다. 그래서 늘 뒤에서 어색하게 웃으며 흉내만 내곤 했다. 하지만 속으로는 이렇게 되뇌었다.
'나는 절대 저 대화의 중심에 설 수 없어. 내 옷차림이 들키는 순간, 모두가 나를 초라하게 볼 거야.'

이런 경험은 나의 성격에도 영향을 주었다. 나는 사람들 앞에서 괜히 주눅이 들었고, 늘 남과 나를 비교하는 습관을 갖게 되었다. 친구들이 "너는 왜 그렇게 조용하냐?"라고 물으면 웃으며 대답했지만, 사실 속으로는 늘 이런 생각을 하고 있었다.

'내가 부족해 보일 수 있으니까 괜히 드러나면 안 돼.'

지금 돌이켜보면, 그 순간은 단순한 물질적 결핍 이상의 의미를 갖는다. 그것은 존재 자체가 비교의 대상이 되는 아픔을 알려 준 경험이었다. 세상은 불공평하다는 걸, 그리고 내가 원한다고 해서 바로 채워질 수 없는 영역이 있다는 걸 너무 이른 나이에 배워 버린 것이다.

하지만 동시에 이 경험은 내 안에 어떤 강박과 동시에 어떤 힘을 남겼다. 강박은 늘 남보다 더 가져야 한다는 조급함으로 이어졌고, 그것은 청년 시절 내 투자에도 고스란히 드러났다. 누군가가 돈을 벌었다는 소식을 들으면, 나는 '나도 따라잡아야 한다.'는 불안감에 휩싸여 무리하게 매매를 반복했다. 그러나 그 강박이 남긴 그림자 뒤에는 또 다른 힘도 숨어 있었다. 그것은 겸손이었다. 부족했던 경험이 있기에 작은 성취에도 감사할 수 있었고, 결핍의 기억이 있었기에 무엇이 진짜 중요한지 묻는 습관이 내게 남았다.

그때의 부끄러움은 분명 아팠지만, 시간이 흐른 지금은 또 다른 선물이었다. 비교와 결핍이 나를 흔들었지만, 그 속에서 "나는 결국 무엇을 위해 살아가는가?"라는 질문이 싹트기 시작했기 때문이다.

결핍 속에서 피어난 웃음

물론 그 시절이 전부 어둡기만 한 것은 아니었다. 부족함 속에서도 분명히 웃음은 있었다. 나에게 가장 선명한 추억은 다름 아닌 볼트론 장난감이다.

1980~90년대 아이들에게 볼트론은 단순한 만화가 아니었다. 다섯 마리 사자가 합체해 거대한 로봇이 되는 장면은 남자아이들의 마음을 완전히 사로잡았다. 친구들 중에는 반짝거리는 완제품 로봇을 가지고 있는 아이도 있었다. 그들이 장난감을 꺼내 자랑할 때면, 부러운 마음이 솟구쳤다. 하지만 내 손에 쥐어진 것은 다리 파츠 하나였다. 부모님이 어렵게 사 주신 그것이 전부였다.

완성형 로봇은 아니었지만, 그 하나만으로도 나는 동생과 하루 종일 놀았다. 사자 다리 하나를 들고 상상의 나래를 펼쳤다. 손에 쥔 플라스틱 조각이 때로는 거대한 로봇의 주먹이 되었고, 때로는 우주를 지키는 방패가 되었다. 우리는 불완전한 조각을 붙잡고도 완전한 세계를 그려냈다.

더 특별한 순간은 동네 친구들과의 놀이였다. 누구는 팔 파츠를, 누구는 몸통 파츠를 가지고 있었다. 골목길에서 우리는 각자의 부품을 꺼내 합체했다. 반짝이는 완제품 로봇은 없었지만, 우리 손으로 모은 불완전한 조각들이 하나로 맞춰질 때의 기쁨은 완제품보다 더 컸다. 골목은 웃음소리로 가득 찼고, 우리는 스스로의 결핍을 웃음으로 채워 갔다.

돌이켜보면, 그때의 놀이가 내게 준 교훈은 단순하지 않았다. 그것은 불완전 속에서 만족을 찾는 힘이었다. 모든 게 완벽해야만 행복한 것이 아니었다. 오히려 부족했기에 상상력이 살아났고, 불완전했기에 협력이 가능했다. 하나의 조각만으로는 아무것도 할 수 없었지만, 함께 모으니 우리는 완성된 로봇을 손에 넣을 수 있었다.

이 깨달음은 훗날 내 투자 태도와도 연결되었다. 시장에서 '완벽한 조건'을 기다리다가는 아무것도 시작하지 못한다. 언제나 부족한 정보, 불완전한 시그널, 엇갈린 전망 속에서 우리는 결정을 내려야 한다. 그때 필요한 것은 완벽한 확신이 아니라, 불완전 속에서도 움직일 수 있는 용기였다.

나는 이제 안다. 어린 시절 결핍이 남긴 힘은 단순한 생존력이 아니다. 그것은 불안한 조건 속에서도 웃음을 찾고, 부족한 상황에서도 협력을 만들어 내며, 불완전 속에서도 의미를 붙잡는 힘이다. 그것은 투자자로서, 또 한 사람의 아버지로서 내 삶을 단단히 지탱해 주는 근육이 되었다.

지금도 가끔 아이들과 장난감을 가지고 놀 때면 그 시절이 떠오른다. 작은 플라스틱 조각 하나에도 눈을 반짝이던 나의 어린 시절. 나는 아이들에게 말해 준다.

"완벽하지 않아도 괜찮아. 지금 우리가 웃고 있으면 그게 완벽한 거야."

아이들은 고개를 끄덕이며 깔깔 웃는다. 그 웃음 속에서 나는 또 한 번 확신한다. 결핍은 나를 아프게 했지만, 동시에 나를 성장시켰고, 결국 나를 웃게 했다.

| 절약이 남긴 힘

어린 시절 나를 둘러싸고 있던 공기는 늘 절약이었다. 부모님은 돈을 허투루 쓰는 법이 없으셨다. 장을 보러 가서도 필요한 것만 딱 집어 들었고, 가끔은 계산대 앞에서 마지막까지 장바구니 속 물건을 꺼내며 한 번 더 망설이셨다.

"이건 다음 달에 사자."

그 말은 내겐 늘 아쉬움으로 남았다. 하지만 부모님은 단호했다. 사소한 군것질거리, 학원 한 달 등록 같은 작은 선택조차 여러 번 계산하고 고민한 끝에야 결정하셨다.

어린 시절의 나는 그 모습이 답답했다. 친구들과 비교하면 늘 아쉬움이 따라왔다. 새 운동화를 신고 다니는 친구들, 방학마다 학원을 다니며 새로운 걸 배우는 친구들을 보며, 나는 늘 '왜 우리는 안 될까?'라는 질문을 품었다. 미술학원을 다니고 싶다고 조르다 결국 한 달 만에 그만둬야 했을 때, 그 서운함은 오래도록 가슴에 남았다. 그때는 이해하지 못했다. 하지만 지금은 안다. 그것이 단순한 고집이 아니라, 가족을 지켜 내기 위한 선택이었다는 것을.

기다림을 배우게 한 부모님의 선택

시간이 흐르며 깨달았다. 부모님의 절약은 단순히 돈을 아끼려는 행동이 아니었다. 그것은 기다림을 가르치는 방식이었다. 원하는 것을 당장 가지지 못한다고 해서 세상이 무너지는 것은 아니라는 것, 때로는 기다려야 더 큰 것을 얻을 수 있다는 것을 무언의 교육으로 보여 주셨다.

나는 자연스레 그런 태도를 배웠다. 원하는 걸 눈앞에 두고도 조금 더 참을 줄 아는 힘, 남들이 나보다 앞서간다고 해서 조급해하지 않는 태도, 작은 것에서 만족을 찾는 습관. 그것은 그 시절엔 불편했지만, 지금은 내 삶을 지탱하는 근본이 되었다.

돌이켜보면 부모님의 절약은 내 안에 '버티는 힘'을 심어 주었다. 그것은 단순한 절약 정신이 아니라, 위기 앞에서도 물러서지 않는 태도였다. 시간이 지나 투자라는 길을 걸으며 나는 뼈저리게 느꼈다. 시장에서 끝까지 살아남는 사람은 한순간의 대담함을 가진 사람이 아니라, 끝까지 버틸 줄 아는 사람이라는 것을.

원칙은 배웠으나, 아직 내 것이 아니었다

그러나 원칙을 안다고 해서 언제나 그 원칙을 지킬 수 있는 것은 아니었다.

자세한 이야기는 뒷장에서 이어지겠지만, 머리로는 분명히 알고 있었다.

"욕심내지 말자. 기다리자. 버티자."

하지만 막상 돈의 파도 앞에 서면, 그 원칙은 바람에 흔들리는 얇은 종잇조각 같았다.

나는 계좌 속 숫자가 오르내릴 때마다 감정이 널뛰는 경험을 했다.

가격이 오르면 더 오를 거라는 욕심이 솟았고, 가격이 떨어지면 '혹시 끝없이 무너지는 건 아닐까?'라는 두려움이 목을 조여왔다.

부모님의 절약에서 배운 기다림과 만족은 그 순간만큼은 힘을 발휘하지 못했다.
그리고 마침내 눈부시게 달콤한 상승장이 찾아왔다.
세상이 온통 환호하는 시기였다.
커뮤니티에서는 "이제 누구나 부자가 될 수 있다."는 말이 오갔고, 뉴스에서는 연일 투자 성공담이 쏟아졌다.

나 또한 그 분위기에 흔들렸다.
원칙을 지키겠다던 다짐은 순식간에 무너졌고, 나는 다시 욕심의 파도에 휩쓸렸다.

그리고 결과는 뻔했다. 한동안 계좌는 치솟는 듯했으나, 결국 거품이 꺼지듯 무너졌다. 계좌 속 파란 숫자는 나의 자존심까지 흔들어 놓았다. 부모님에게서 배운 절약과 기다림은 어디로 갔는가. 머리로는 알았으나, 내 몸과 마음은 그것을 실천하지 못했다.
놀랍게도, 나는 그 무너짐 속에서야 비로소 '진짜 원칙'을 마주

했다. 원칙은 단순히 아는 것이 아니라, 쓰라린 경험을 통해 몸으로 새기는 것이었다. 부모님의 절약이 내 안에 씨앗으로 남아 있었다면, 시장에서의 실패는 그 씨앗에 비로소 물을 준 사건이었다.

나는 깨달았다. 절약이 가르쳐 준 기다림과 만족은 단순히 어린 시절의 생활 습관이 아니라, 시장에서 생존하기 위한 근본적인 무기였다. 남들이 욕심낼 때 한 발 물러서고, 남들이 두려움에 휩싸일 때 차분히 기다리는 것. 그것은 단순히 기술이 아니라 태도였다.

지금은 말할 수 있다. 어린 시절 부모님이 보여 주신 절약의 삶, 그 속에서 배운 기다림과 만족이 결국 나를 투자자로서 버티게 해 주었다는 것과 원칙은 단번에 완성되는 것이 아니라, 실패와 무너짐 속에서 조금씩 내 것이 되어 간다는 것을.

어쩌면 그때의 흔들림이 있었기에, 나는 더 단단해질 수 있었다. 이 여정이 어디로 흘러갔는지는, 다음 장에서 자연스럽게 이어질 것이다.

- 1장을 마치며 -

자본주의와 가난에 대한 나의 통찰

어린 시절의 결핍은 단순히 개인적인 기억으로만 남지 않았다. 낡은 신발과 물려받은 옷, 엘란트라 창문을 손으로 밀어 올리던 장면들은 세월이 흐르며 더 큰 의미를 띠기 시작했다. 그것은 단순한 가정의 사정이 아니라, 사회가 가진 구조적 모순과 맞닿아 있었다. 나는 자라면서 깨달았다. 내가 느낀 부끄러움과 갈망은 곧 자본주의라는 거대한 체제 속에서 수많은 사람들이 공유하는 감정이었다.

자본주의는 거창한 이론서 속에만 존재하는 것이 아니다. 우리는 매일 자본주의 안에서 눈을 뜨고, 밥을 먹고, 잠이 든다. 아침에 마시는 커피 한 잔, 출근길의 교통수단, 점심에 고른 메뉴까지 모두 가격표가 붙어 있다. 우리는 하루에도 수십 번씩 지갑을 열며 자본주의라는 체제와 대화한다.

하지만 그 대화는 결코 평등하지 않다. 같은 빵을 먹어도 누군가는 '3천 원의 소확행'이라 말하고, 누군가는 '월급의 1%가 날아간 작은 지출'이라 계산한다. 자본주의는 동일한 상품 앞에서도 각자의 위치에 따라 전혀 다른 의미를 부여한다. 그것은 단순한 소득의 차이가 아니라, 기회의 차이에서 비롯된다.

나는 종종 이렇게 생각한다. 자본주의는 두 얼굴을 가지고 있다고. 하나는 편리함이다. 클릭 한 번으로 물건이 도착하고, 카드 한 장으로 원하는 것을 살 수 있다. 그러나 다른 한쪽 얼굴은 끝없는 경쟁이다. 오늘의 편리함은 내일 누군가의 자리와 시간을 빼앗아야만 유지된다. 자본주의가 두렵지만 벗어날 수 없는 이유는 그것이 단순한 제도가 아니라, 우리의 숨결 같은 공기이기 때문이다. 숨을 쉬듯 돈을 쓰고, 알게 모르게 비교하며, 끝없이 순위를 매기는 삶. 어느 순간부터는 내가 무엇을 진짜 원해서 선택하는지조차 헷갈릴 때가 있다.

그렇다면 자본주의 속에서 우리가 할 수 있는 일은 무엇일까? 나는 이렇게 정리한다.
"판을 바꿀 수 없다면, 최소한 눈은 떠 있어야 한다."
나의 욕망이 어디서 비롯되었는지, 내가 치르는 대가가 무엇인지, 그리고 그 계산서가 내 삶 전체에 어떤 의미를 남기는지를 끝

없이 묻는 것. 투자가 '돈의 게임'이라면, 자본주의는 '삶의 게임'
이다. 이 게임에서 완벽히 자유로운 사람은 없다. 하지만 무의식
적인 소비와 경쟁에 떠밀리지 않으려는 태도, 그 작은 의식이야
말로 자본주의를 살아가는 최소한의 방패라 믿는다.

그리고 가난. 그것은 단순히 통장에 돈이 없는 상태가 아니다.
가난은 일상 곳곳에 스며들어 사람을 움츠러들게 한다. 어린 시
절 내 기억 속 가난은 늘 '비교'의 얼굴을 하고 있었다. 친구들이
새 운동화를 신고 나타나면, 나는 낡은 신발 끈을 다시 조이며 아
무렇지 않은 척을 해야 했다.

가난의 무게는 배고픔보다 심리적 굴레에서 더 크게 다가온
다. 사람들은 흔히 "가난하면 검소해진다."고 말하지만, 사실 가
난은 검소가 아니라 선택의 박탈을 강요한다. 먹고 싶은 것 대신
가장 싼 것을 고르고, 가고 싶은 곳 대신 발길 닿는 곳에 멈추어
야 한다. 꿈은 사치가 되고, 취향은 허영이 된다. 그래서 가난을
오래 겪은 사람일수록 '내가 정말 원하는 것'이 무엇인지조차 모
른 채 살아가기도 한다.

그런 가난은 때로 가족 간의 불화로, 건강의 위협으로, 꿈과 가
치의 포기로 다가왔다. 자존심조차 내려놓아야 할 때가 있었다.

그래서 나는 일찍부터 다짐했다. 언젠가 부를 손에 쥔다면 단순히 돈 문제를 해결하는 것을 넘어, 내가 원하는 주체적인 삶을 살고 싶다고.

하지만 시간이 지나 돌아보니, 그 결핍 속에도 배움이 있었다. 새것을 사지 못해 낡은 물건을 고쳐 쓰며 '지속성'의 가치를 배웠고, 불필요한 소비를 견디며 절제의 힘을 익혔다. 무엇보다도 부족함이 남긴 상처는 나를 타인의 아픔에 민감한 사람으로 만들었다.

그런 깨달음 덕분에, 나는 이제 가난을 단순히 결핍의 단어로 보지 않는다. 그것은 내 삶을 흔들었지만 동시에 단단하게 세운 양면의 경험이었다. 물론 가난을 미화하고 싶지는 않다. 가난은 분명 고통이고, 가능성을 제한하는 현실이다. 하지만 그 속에서 남은 것이 있다면, 바로 '작은 것에 감사할 수 있는 눈'이었다.

어린 시절의 가난은 내게 끊임없이 질문했다.
"네가 진짜 원하는 건 무엇이냐?"
"돈이 없을 때도 네 삶을 지탱할 수 있는 건 무엇이냐?"

그 질문들은 지금도 내 안에 살아 있다. 나는 부유해지는 것보다 더 중요한 게 있다고 믿는다. 바로 가난이 남긴 질문에 정직하게 답하며 살아가는 것.

그것이 내가 자본주의와 가난을 지나오며 얻은, 가장 값진 통찰이었다.

2장

가장 어두운 터널에서 배운 것

| 무너져 가던 청춘의 나날

내 사회 초년생 시절은 시작부터 순탄하지 않았다. 대학을 졸업하고 곧장 사회에 뛰어들기보다, 나는 공무원 시험이라는 거대한 산을 택했다. 이유는 단순했다. 안정적인 직업, 꾸준한 수입, 그리고 부모님의 기대. 그 길을 선택하면 최소한 굶지는 않으리라는 믿음이 있었다. 그러나 그 선택이 내 청춘의 가장 어두운 터널이 될 줄은 그때는 몰랐다.

매일 새벽, 해가 떠오르기 전부터 가방을 메고 학원으로 향했다. 학원 문이 열리기 전 차가운 공기를 마시며 서 있을 때면, 내 삶이 마치 정지된 듯한 기분이 들었다. 문이 열리면 가장 먼저 들어가 책상 앞에 앉았다. 자리에 앉아 있으면, 잠시나마 마음이 안정될 것 같았다. 그러나 책을 펼치는 순간 다시 불안이 엄습했다. 수백 쪽에 달하는 기본서, 풀어야 할 문제집 더미는 나를 압도했고, 머릿속은 늘 혼란스러웠다.

아침부터 밤까지 책상 앞에 앉아 있어도 머릿속에는 남는 것이 없었다. 하루 종일 눈으로 글자를 읽고 손으로 문제를 풀었지만, 정작 그 내용은 금세 흩어졌다. 책을 덮고 집에 돌아오는 길은 늘 무겁고 지쳤다. 버스 창밖으로 스쳐 지나가는 불빛을 보며, 나는 스스로를 책망했다.
"오늘도 제대로 하지 못했다. 내일은 더 열심히 해야 한다."
하지만 그 다짐은 늘 다음 날 똑같은 무력감으로 무너졌다. 이런 날들이 반복되자 내 자신이 점점 싫어졌다. 성실하게 노력한다고 생각했지만, 결과는 보이지 않았다. 아무리 달려도 제자리인 것 같았고, 그럴수록 마음속의 자존감은 깎여 나갔다.

친구들의 소식, 그리고 비교의 늪

절망을 더 크게 만든 것은 주변의 소식이었다. 대학 동기 중 누군가는 벌써 취업해 첫 월급을 받았고, 어떤 친구는 결혼 소식을 전해 왔다. SNS에 올라오는 사진 속에서 그들은 밝게 웃고 있었다. 새 회사에서 찍은 단체 사진, 신혼여행에서 찍은 풍경, 새 차를 뽑았다는 인증샷까지. 나는 겉으로는 "축하한다."고 댓글을 달았지만, 속마음은 허물어졌다.

나는 여전히 낡은 책상 앞에서 문제집과 씨름하고 있었고, 내 인생은 멈춰 선 것 같았다. 세상은 저만치 달려가고 있는데, 나만 뒤처진 기분이었다. 비교는 나를 끝없는 늪으로 끌고 갔다.

끝이 보이지 않는 터널

어느 순간부터는 '포기'라는 단어가 일상처럼 떠올랐다. 책을 펴도 글자가 눈에 들어오지 않을 때면 책을 덮고 침대에 몸을 던졌다. 천장을 보며 스스로에게 물었다.
"이 길이 맞는 걸까? 나는 왜 이토록 고생하고 있는 걸까?"
답은 나오지 않았고, 무거운 질문만 가슴을 눌렀다.

가장 힘들었던 순간은, 합격 소식이 들려오지 않을 때가 아니라, 합격자 발표 게시판 앞에 서 있을 때였다. 혹시 내 이름이 있을까 두근거리며 스크롤을 내리다가, 결국 끝까지 가도 내 이름은 없었다. 그 순간 머릿속이 새하얘졌다.
"이번에도 아니구나."
그 허탈함은 이루 말할 수 없었다.

밤이 되면 더 깊은 어둠이 찾아왔다. 도저히 앞이 보이지 않을 때는 극단적인 생각까지 스쳤다.
'그냥 모든 걸 내려놓고 싶다. 이렇게 살아서 무슨 의미가 있

을까.'

지금 돌이켜보면 위험한 순간이었다. 그러나 그때는 그만큼 벼랑 끝에 몰려 있었다. 내 인생에서 가장 어두운 터널이었다.

부모님의 그림자

어머니는 내 처지를 보며 늘 안쓰러워했다. 새벽마다 학원에 가는 나를 지켜보며,
"밥이라도 꼭 챙겨 먹고 가."라고 매번 말씀 하셨다.
하지만 그 눈빛 속에는 말하지 못한 걱정과 슬픔이 가득했다. 나는 괜히 화를 내며 "괜찮아."라고 말했지만, 사실은 그 눈빛이 더 힘들었다. 부모님의 기대와 걱정이 동시에 내 어깨를 짓눌렀다.

훗날 어머니는 말씀하셨다. 무거운 책가방을 메고 축 처진 어깨로 터벅터벅 걸어가던 내 뒷모습이 너무나 안쓰러웠다고. 그 모습이 오래도록 마음에 남아 늘 걱정이 되셨다고 한다.

아버지는 직접적으로 말씀은 하지 않으셨지만, 가끔 퇴근 후 피곤한 얼굴로 내 방 문 앞을 서성였다. 아무 말 없이 문틈으로 새어 들어오는 기척만으로도, 나를 향한 무언의 메시지를 느낄 수 있었다. 그 침묵이 오히려 나를 더 죄책감에 빠뜨렸다.

| 버팀에서 시작된 원칙

그러나 돌이켜보면, 가장 깊은 절망 속에서 나는 '버팀'이라는 단어를 배웠다. 포기하고 싶어도 결국 다시 책상 앞에 앉았다. 책장을 넘기는 손이 무겁고, 머리는 텅 빈 것 같아도, 나는 또 하루를 보냈다. 그 반복은 마치 아무 의미도 없어 보였지만, 사실은 내 안에 아주 작은 근육을 키우고 있었다.

그때는 몰랐다. 그 무력한 시간조차도 나를 조금씩 단단하게 만들고 있었다는 것을. 버티는 법을 몰랐다면, 나는 아마 시험뿐 아니라 삶에서도 쉽게 무너졌을 것이다.

부모님의 그림자와 버팀의 힘

돌이켜보면, 그 시절 나를 끝까지 버티게 한 건 부모님의 그림자였다.

어릴 적부터 나는 부모님의 절약과 인내를 눈으로 보며 자랐다. 그 모습은 이미 내 안에 습관으로 자리 잡아 있었다. 그래서 시험 준비 시절, 포기하고 싶으면서도 다시 책상 앞에 앉을 수 있었던 건, 어쩌면 오래전부터 배워온 '버티는 법' 덕분이었다.

그 무렵 나는 돈에 대해서도 새로운 깨달음을 얻었다. 돈은 단순히 욕망의 대상만은 아니었다. 물론 부족함은 늘 나를 움츠러들게 했다. 그러나 동시에 돈은 삶을 버티게 하는 힘이기도 했다.

아버지는 온몸이 고단해도 피곤한 기색조차 드러내지 않은 채 늘 일터로 향하셨다. 그 어깨에 얹힌 것은 단순한 짐이 아니라 가족의 삶이었다. 어머니 또한 작은 지출에도 늘 계산기를 두드리며, 우리가 흔들리지 않도록 살림을 붙잡고 계셨다.

돈은 단순한 풍요의 상징이 아니라, 가족을 버티게 하는 기둥이었고, 삶을 지켜 내는 원천이었다.

버팀이 남긴 선물, 그리고 다음 장을 향해

시간이 흐른 지금 돌이켜보면, 그 시절은 분명 내 인생에서 가장 어두운 터널이었다. 그러나 동시에 가장 값진 배움의 시기이기도 했다. 끝이 보이지 않는 길을 걸으며 나는 '희망'이라는 단어를 단순한 위로나 막연한 기대가 아니라, 스스로 붙잡아야 하는 태도라는 걸 알게 되었다.

합격은 늦게 찾아왔지만, 그 과정에서 나는 더 중요한 것을 얻었다. 바로 버티는 힘, 그리고 자기 마음을 다스리는 법이었다. 시험 준비라는 이름의 긴 싸움 속에서 나는 "버틴다."는 것의 진짜 의미를 체험했다. 그 힘은 단순히 공부의 영역을 넘어서, 내 인생 전반에 깊은 흔적을 남겼다.

훗날 투자자의 길을 걸으며 위기의 순간을 마주할 때마다, 나는 그 시절의 기억을 떠올렸다. 시장의 파도가 나를 집어삼키려 할 때조차, "버텨라, 견뎌라."는 속삭임은 내 안에 살아 있었다. 그 기억은 내가 흔들리지 않고 중심을 잡을 수 있게 한 뿌리였다.

어쩌면 버팀이 내게 준 가장 큰 선물은 바로 이것이었다. 쓰라린 시간은 나를 무너뜨린 게 아니라, 오히려 단단하게 세웠다. 그리고 바로 그때, 내 삶에 전혀 예상치 못했던 한 사람이 다가왔다.

그 만남은 또 다른 의미에서 내 인생을 바꾸는 전환점이 되었다. 그 이야기는 다음 장에서 천천히 이어 가려 한다.

| 돈 앞에서의 무지와 불안

무지 속에서 반복된 실수

합격의 기쁨은 오래가지 않았다. 안정된 직장을 얻었다는 안도감이 생겼지만, 오히려 그 안도감은 나를 다시 무너뜨렸다. 나는 돈을 다루는 법을 몰랐다. 오랫동안 가난을 두려워하며 살아왔지만, 정작 돈을 관리하는 기술이나 태도는 배우지 못했다. 그래서 처음 월급을 손에 쥐었을 때, 그것이 무엇을 의미하는지 깊이 생각하지 않았다.

나는 곧바로 카드 한도를 채워 소비하기 시작했다. 급여가 들어오는 날이면 친구들과 어울려 술자리를 가졌고, 필요하지 않은 물건들을 충동적으로 구입했다. 당시에는 '내가 이제 사회인이 되었으니 이 정도는 누릴 자격이 있다.'고 스스로를 합리화했다.

하지만 그것은 '현재의 불편만 모면하는 소비'였을 뿐, 장기적으로 어떤 위험이 다가오는지는 전혀 알지 못했다. 지금 돌이켜보면, 그 시절의 나는 무지했다. 돈은 단순히 들어오고 나가는 숫자가 아니었다. 삶의 기반이었고, 미래를 설계하는 자원이었다. 그러나 나는 그것을 다루지 못한 채 하루하루를 흘려보냈다.

결국 내 안의 불안은 다시 고개를 들었다. '혹시 내가 또 무너지는 건 아닐까?'라는 두려움이 그림자처럼 따라다녔다.
그제야 깨달았다. 돈을 모른다는 것이야말로 가장 큰 위험이었다는 사실을.

아내와의 만남, 그리고 균형의 시작

바로 그 무렵, 나는 지금의 아내를 만났다.

솔직히 처음에는 두려움이 앞섰다. 내 안의 결핍과 부족함이 드러날까 봐, 그녀가 나를 실망할까 봐 걱정됐다. 하지만 놀랍게도 아내는 내 부족함을 있는 그대로 받아들였다. 그리고 그것을 고쳐야 한다며 다그치기보다, 차분하게 채워 주려 했다.

아내는 특별히 재테크에 능한 사람은 아니었다. 화려한 주식 투자 기법이나 대단한 금융 지식을 갖춘 것도 아니었다. 하지만 생활 속에서 보여 준 태도는 누구보다 검소하고 계획적이었다. 그녀는 작은 지출 하나에도 미래를 함께 그려 넣었다.

"이건 당장은 필요 없어. 대신 다음 달 여행 경비에 보태자."
"카드로 무턱대고 결제하지 말고, 미리 계획을 세우자."

아내는 그렇게 말하며 나의 습관을 하나씩 다듬어 갔다. 처음에는 그 모습이 답답하게 느껴졌다. "이 정도는 괜찮잖아.", "다들 이렇게 사는데 뭐 어때."라는 말이 턱끝까지 차올랐다.

그러나 시간이 지날수록 알게 되었다. 아내의 태도야말로 우리 가정을 지켜 내는 힘이라는 것을.

아내와 함께 배운 투자 철학

아내 곁에서 나는 돈을 번다는 것이 단순히 통장에 숫자를 늘리는 일이 아니라는 걸 배웠다. 돈은 생활을 지키고, 가정을 책임지는 도구였다. 아내가 보여 준 균형 잡힌 태도는 내 삶의 가장 단단한 기반이 되었다.

무엇보다도, 아내는 내 삶의 첫 번째 투자 원칙을 지켜 준 사람이었다.
"돈을 어떻게 쓰는가가 결국 삶을 어떻게 사는가다."
아내는 이 사실을 말로 설명하지 않았다. 대신 생활 속 작은 습관과 선택으로 몸소 보여 주었다.

시간이 흐르면서 나는 깨달았다. 아내와의 만남은 단순한 사랑의 시작이 아니었다. 그것은 내 삶의 새로운 투자 원칙이 만들어지는 과정이었다.

예전의 나는 늘 돈만을 추구했다. 돈은 언제나 나보다 앞서 있었고, 나는 그 뒤를 허둥지둥 쫓았다. 그러나 아내와 함께하면서 흐름은 달라졌다. 그녀는 나를 붙잡아 주었고, 내 시선을 바로 세워 주었다.

돈을 위한 삶이 아니라, 삶을 위한 돈. 그 단순하지만 중요한 전환을 가능하게 한 건 아내였다.

균형이 준 선물

아내는 내게 균형을 가르쳐 주었다. 충동과 욕심은 줄어들었고, 대신 계획과 절제가 자리 잡았다. 그 속에서 나는 처음으로 안정감을 느꼈다.

계좌 속 숫자가 흔들려도, 가정이 무너지지 않는 한 나는 무너지지 않았다. 돈의 흐름이 불안해도, 아내와 함께 세운 생활의 균형은 흔들리지 않았다.

나는 알게 되었다. 투자란 단순히 시장에서의 싸움이 아니었다. 그것은 삶을 어떻게 살아가느냐의 문제였다. 화려한 기술보다 중요한 것은, 결국 나를 붙잡아 주는 균형과 태도였다.

그리고 그 균형의 중심에는 언제나 아내가 있었다.
그녀와 함께하며 나는 진정한 의미에서 투자자로 자랄 수 있었다.

버팀이 원칙으로 자라는 순간

버팀이 남긴 뿌리

돌이켜보면, 내 삶의 많은 순간은 '버팀'이라는 단어로 설명할 수 있었다. 어린 시절 신발 뒷굽이 닳아 본드를 발라 가며 신었던 기억, 낡은 엘란트라의 창문을 손으로 밀어 올리던 기억, 물려받은 옷을 부끄러워하며 입었던 시절. 그때마다 나는 원하는 것을 즉시 얻을 수 없었고, 불편을 견뎌야 했다. 그러나 그 결핍 속에서 배운 건 단순한 참음이 아니었다. 기다림의 힘, 그리고 작은 것에서도 만족을 찾는 태도였다.

공무원 시험 준비 시절도 마찬가지였다. 끝이 보이지 않는 터널 속에서 수없이 주저앉고 싶었지만, 결국 나는 책상 앞으로 돌아왔다. 합격이라는 결실은 늦게 찾아왔지만, 그보다 더 중요한 선물을 얻었다. 바로 버티는 습관, 그리고 희망을 붙잡는 태도였다.
당시에는 아무 의미 없어 보였던 무수한 날들이, 사실은 내 인생의 근본적인 힘을 길러내고 있었다.

그리고 아내를 만난 뒤, 그 버팀은 전혀 다른 얼굴을 하게 되었다. 그녀는 절약과 균형을 통해 내게 새로운 눈을 열어 주었다. 단순히 버티는 것이 아니라, 무엇을 지키며 버텨야 하는지를 보여 주었다.

절약은 단순한 아낌의 기술이 아니었다. 지켜야 할 것을 끝까지 지켜 내는 힘이었다. 그 순간부터 버팀은 습관을 넘어 삶의 원칙으로 바뀌어 갔다.

나는 알게 되었다. 원칙은 책에서 배우는 지식이 아니라, 삶의 무게 속에서 단련되는 것이라는 사실을.
어린 시절의 결핍, 청춘의 절망, 그리고 아내와의 만남이 모두 하나의 선으로 이어져 내 안에 단단한 뿌리를 심어주었다. 그것이 바로 '버팀에서 원칙으로'라는 여정이었다.

내가 조금씩 버팀의 의미를 배워 가던 그 무렵, 세상은 늘 나를 시험하듯 흔들었다. 투자 시장은 잠시도 고요할 틈이 없었다. 모두가 탐욕에 취해 환호하던 순간도 있었고, 모두가 두려움에 떨며 절망하던 순간도 있었다. 그때마다 내 마음은 크게 흔들렸지만, 동시에 마음 한구석에서는 나를 붙잡아 주는 어떤 힘이 조금씩 자라고 있었다. 어린 시절의 기억, 청춘의 시간, 그리고 소중한 만남 속에서 길러진 그 힘은 아직은 이름 붙일 수 없었지만, 분명히 존재했다.

지금 돌아보면 그것이 결국 나를 투자자로 살아가게 만든 원칙의 뿌리가 되었음을 알 수 있다. 그리고 이제, 그 이야기는 다음 장에서 천천히 이어 가려 한다.

- 2장을 마치며 -

버팀과 원칙이 남긴 청춘의 통찰

돌이켜보면, 내 청춘은 늘 벼랑 끝에 서 있는 듯한 시간이었다. 합격자 명단 앞에서 느꼈던 좌절, 책상 앞에서 무너져 내리던 무력감, 친구들의 소식에 더 깊어진 비교의 늪. 그 모든 장면이 내 마음을 짓눌렀다. 그러나 시간이 지나고 보니, 그 순간들이 단순한 실패가 아니라 내 삶을 단련시키는 과정이었다는 걸 알게 되었다.

나는 절망 속에서 버팀의 의미를 배웠다. 버팀은 단순히 시간을 흘려보내는 인내가 아니었다. 무너져도 다시 일어나는 의지, 아무 의미 없어 보이는 날들을 쌓아 올리는 끈기였다. 그것은 어린 시절 부모님의 삶 속에서도 보았고, 나 스스로의 청춘에서도 몸으로 체득한 태도였다.

그리고 아내와의 만남은 그 버팀에 새로운 얼굴을 더해 주었다. 이제는 단순히 '버티는 것'이 아니라, '무엇을 위해 버티는가?' 질문을 품게 된 것이다. 절약은 그저 아낌의 기술이 아니라, 삶에서 지켜야 할 것을 끝까지 붙드는 힘이었다. 아내가 보여 준 균형 잡힌 태도는 나의 버팀을 원칙으로 바꾸어 주었고, 그 원칙은 삶을 다시 세우는 기둥이 되었다.

청춘이 내게 남긴 가장 큰 선물은 합격증도, 첫 월급 명세서도 아니었다. 오히려 그 과정에서 얻은 내면의 기둥이었다. 세상이 탐욕과 공포로 흔들릴 때조차 나를 붙잡아 주는 힘, 끝없는 비교와 무력감 속에서도 다시 일어서게 하는 힘이었다.

그때 나는 깨달았다. 원칙은 책에서 배우는 지식이 아니라, 넘어지고 일어서는 과정에서 비로소 각인된다는 것을. 어린 시절의 결핍, 청춘의 어둠, 그리고 소중한 만남은 모두 나를 단련하는 도구였다. 그 시간들이 없었다면 나는 쉽게 흔들렸을 것이고, 시장이라는 거대한 파도 앞에서 일찌감치 휩쓸려 갔을 것이다.

그러나 나는 버텼고, 그 과정에서 비로소 배웠다. 실패는 나를 무너뜨린 것이 아니라, 오히려 단단하게 다듬은 연마의 시간이었다는 것을. 절망이 나를 낙오자로 만든 것이 아니라, 오히려 원칙을 가진 투자자로 성장시킬 토양이 되어 주었다는 것을.

그래서 지금의 나는 청춘을 후회하지 않는다. 오히려 감사한다. 가장 어두운 터널을 지나왔기에, 나는 빛의 의미를 알게 되었고, 그 속에서 살아남을 힘을 얻게 되었으니까.

이제 나는 투자자의 길 위에 서 있다. 여전히 시장은 흔들리고, 세상은 나를 시험한다. 그러나 더 이상 두렵지 않다. 청춘이 남긴 버팀과 원칙의 뿌리가 내 안에서 자라, 언제든 다시 일어설 힘을 주고 있기 때문이다.

Part 2.
투자자의 길

실패 속에서 원칙을 찾다

들어가며

투자 시장은 언제나 화려한 성공담으로 가득하다.
누군가는 몇 배의 수익을 올렸고, 누군가는 단숨에 인생이 바뀌었다는 이야기가 넘쳐난다.
그러나 투자의 진짜 얼굴은 상승장이 아니라 하락장에서 드러난다.
계좌가 반 토막, 반의 반 토막으로 무너지는 순간, 비로소 투자자의 힘이 시험대에 오른다.

나 역시 지독한 하락장과 끝없는 추락 앞에서 계좌는 무너지고 마음은 흔들렸다.
하지만 버티며 깨달은 것은 기술도 정보도 아니었다.
그것은 원칙이었다.

지금 이 책을 집필하는 시점, 시장은 다시 뜨거워지고 코스피는 4,000을 돌파했지만 나는 그 어느 때보다 하락장의 중요성을 말하고 싶다.

버팀에서 시작된 원칙은 언제나 가장 잔인한 하락장에서 탄생했다.

이 파트는 실패와 흔들림의 시간을 따라가며, 투자자로서 반드시 붙잡아야 할 원칙을 어떻게 찾아갔는지를 솔직하게 기록한다.

3장

잃어 본 자만이 깨닫는 것

| 사기라 치부했던 비트코인과의 조우

2020년 12월. 그 시기를 나는 아직도 선명하게 기억한다. 코로나19는 전 세계를 뒤흔들고 있었고, 매일 아침 뉴스에서는 확진자 수와 사망자 수가 헤드라인을 장식했다. 사람들은 마스크 줄을 서며 하루를 시작했고, 거리에는 활기가 사라졌다. 하지만 놀랍게도 세상은 또 다른 열기로 뜨겁게 달아오르고 있었다. 바로 돈 이야기였다.

미국 연준은 전례 없는 돈 풀기에 나섰고, 뉴스에서는 유동성, 경기부양책이라는 단어가 매일같이 쏟아졌다. 그러나 그런 말들은 내겐 먼 나라 이야기였다. 나는 경제에 무지했고, 오직 노동으로만 돈을 버는 게 정답이라 믿었다. 열심히 일하고 성실히 사는 것, 그것만이 부자가 되는 길이라고 생각했다. 주식도, 부동산도,

코인도 내게는 남의 세상 이야기였다.

나는 스스로를 위로하듯 중얼거리곤 했다.
"돈은 땀 흘려 번 게 진짜지. 이상한 꼼수는 결국 망하게 돼 있어."

그 믿음은 내 삶의 뿌리처럼 굳건해 보였다. 하지만 그 뿌리조차 흔들리게 할 순간이 다가오고 있었다.

그러던 어느 날, 연말 모임에서 술잔이 오가던 자리에서 한 친구가 불쑥 말했다.
"야, 요즘 비트코인 봤어?"

나는 대수롭지 않게 웃으며 대답했다.
"비트코인? 그거 사기고, 도박꾼들이나 하는 거 아냐? 얌마, 땀 흘려 번 돈이 진짜 돈이지. 어디 실체도 없는 걸 누가 사냐?"

말은 그렇게 했지만, 내 목소리에는 알 수 없는 짜증이 묻어 있었다. 왜일까? 마음 한구석에서 설명하기 힘든 불안이 꿈틀거렸기 때문이다.

나는 코인이라는 단어 자체를 철저히 부정했다. 2017년, 뉴스마다 떠들썩하던 폭등과 그 직후의 폭락이 떠올랐기 때문이다. 그 당시 직장에서도, 카페에서도, 심지어 택시 안에서도 사람들이 "코인으로 얼마를 벌었다."라며 떠들던 기억이 있다. 그러나 불과 몇 달 뒤, 그 모든 열풍은 잔혹한 하락으로 끝났고, 사람들은 한순간에 패가망신했다.

그 기억은 내 뇌리에 깊게 박혀 있었다. "저런 걸 하다간 인생 망한다." 그래서 내 머릿속에는 단단한 방패가 세워져 있었다. "절대 저런 건 하지 말아야지."

하지만 세상은 다시 비트코인 이야기로 들썩이고 있었다. 뉴스에서, 온라인 커뮤니티에서, 심지어 직장 동료들까지 모두 같은 화제를 꺼냈다.

"비트코인이 다시 오른다더라."
"누구는 몇천만 원 벌었다더라."

처음에는 무심한 척했지만, 반복되는 말들이 내 마음을 서서히 조여 왔다.

'혹시 나만 뒤처지는 건 아닐까?'

나는 차트를 들여다보지도 않았고, 전문 지식도 전혀 없었다. 그저 귀동냥으로 가격이 올랐다더라, 누가 투자해서 몇 배를 벌었다더라 하는 소문만 들려왔다. 하지만 그 소문이 반복되면서 내 마음속 깊은 곳에서 잠자고 있던 욕망이 꿈틀대기 시작했다.

"나도 해 볼까?"

이 질문은 단순한 호기심이 아니었다. 더 이상 '사기'라는 단어로 무시할 수 없을 만큼, 세상은 코인을 이야기하고 있었다. 나는 흔들리고 있었다.

흔들리는 믿음, 욕망의 첫 걸음

비트코인이라는 단어는 내게 오래도록 금기어였다. 나는 늘 "노동이야말로 가장 정직한 돈벌이"라고 믿었고, 다른 방식은 모두 불순하다고 여겼다. 하지만 금기는 언제나 가장 강한 호기심을 불러일으킨다.

처음에는 기사만 읽었다. "비트코인 열풍" 같은 제목이 연일 헤드라인을 장식했다. 이어서 커뮤니티 게시글이 눈에 들어왔다.

"이번에 몰빵해서 인생 역전했다."

"코인 덕분에 빚 갚았다."

그 글을 읽을 때마다 가슴 한구석이 뜨겁게 달아올랐다. 나는 겉으로는 여전히 부정적인 척했지만, 내 마음속에서는 이미 균열이 일어나고 있었다.

그 무렵, 직장 동료 한 명이 내게 다가와 은밀히 말했다.
"형, 나 이번에 코인으로 꽤 벌었어. 주식보다 훨씬 빨라. 진짜 기회야."

나는 그 말을 대수롭지 않게 넘겼다. 하지만 퇴근길 내내 그 목소리가 귓가에 맴돌았다. "진짜 기회야." 그 짧은 문장이 마치 최면처럼 머릿속을 맴돌았다.

집에 돌아와 휴대폰을 켰다. 검색창에 처음으로 '비트코인 차트'를 쳤다. 화면 속 그래프는 가파르게 상승하고 있었다. 눈으로는 '언젠가는 떨어지겠지.'라고 중얼거렸지만, 가슴은 요동쳤다.

나는 점점 코인이라는 세계에 빠져들고 있었다. 불과 몇 주 전까지만 해도 "사기"라고 단언하던 내가, 이제는 호기심과 불안에 흔들리고 있었다. 스스로도 아이러니하다고 느꼈지만, 욕망은 그렇게 쉽게 나를 지배했다.

그때는 몰랐다. 그 단순한 클릭 하나가 내 삶의 방향을 바꿀 줄은. 그것이 앞으로 이어질 수많은 실패와 후회의 서막이 될 줄은 정말 알지 못했다.

| 탐욕과 공포가 흔드는 마음

2021년 1월.

겨울은 여전히 차가웠지만, 세상의 공기는 전혀 달라져 있었다. 코로나로 인해 사람들의 일상은 얼어붙었지만, 투자 시장은 불길처럼 타올랐다. 뉴스마다 '비트코인 폭등'이라는 제목이 헤드라인을 장식했고, 유튜브 알고리즘은 하루가 멀다 하고 "가상화폐로 인생 역전!"이라는 영상들을 내게 내밀었다.

평소라면 그냥 흘려보냈을 텐데, 그날따라 그 문구들이 가슴을 파고들었다. 심지어 평소 투자에 무심하던 직장 동료들까지 점심시간이면 자연스럽게 비트코인 이야기를 꺼냈다.

"야, 김 부장. 요즘 비트코인 안 해? 나도 조금 넣었는데 벌써 30% 올랐어."

"형, 진짜 이번에 안 들어가면 평생 기회 없다니까?"

어디서나 같은 말이 흘러나왔다. "지금 안 들어가면 기회를 놓친다."

나는 처음에는 무심히 넘기려 했다.
'또 한 번의 거품이겠지.'
'어차피 곧 꺼질 거야.'

머리로는 경계심을 세웠다. 2017년의 광풍과 몰락이 아직도 선명했기 때문이다. 하지만 사람 마음이란 묘하다. 애써 부정할수록 호기심은 더 깊어진다. 머리로는 "저건 위험하다."라고 경고하면서도, 마음 한구석에서는 "혹시 나만 뒤처지는 건 아닐까?"라는 불안이 점점 커졌다.

나에게 강한 부의 기운이 온다는 착각 때문이었을까?
아니면 지금껏 노동으로만 번 돈에 대한 서운함과 분노 때문이었을까?

나는 매일 아침 뉴스를 켜자마자 코인 시세를 확인하는 습관이 생겼다. "오늘도 올랐다더라." "누가 투자해서 몇 배를 벌었다더라." 이런 소문들이 하루가 멀다 하고 들려왔다. 그럴 때마다 가슴속에서는 설명하기 힘든 조급함이 피어올랐다.

"지금이 아니면 늦는다."
"다른 사람들은 다 벌고 있는데, 나만 가만히 있다가 바보 되는 건 아닐까?"

결국 나는 스스로 세워 두었던 방어막을 허물고 시장에 뛰어들기로 했다. 하지만 뜻밖에도, 내가 처음 손에 쥔 것은 비트코인이 아니었다.

당시 내 눈길을 끈 건, 이름이 예쁘거나 커뮤니티에서 자주 언급되는 소위 '알트코인'이었다. 누군가가 "이건 무조건 간다."라고 말하면, 나는 두말 않고 매수 버튼을 눌렀다. 차트는 이미 하늘을 향해 뻗어 있었지만, 오히려 그것이 나를 안심시켰다.
"봐라, 이미 오르고 있잖아. 아직 끝이 아니다."

분석도, 공부도 없었다. 그저 '더 오를 거야.'라는 막연한 믿음뿐이었다.
놀랍게도 결과는 내 편이었다. 그 코인은 내 예상을 뛰어넘어 빠르게 치솟았다. 하루에도 몇 번씩 계좌를 열어 확인했고, 잔고에 찍힌 숫자가 조금이라도 늘어나 있으면 가슴이 쿵쿵 뛰었다. 불과 며칠 만에 내가 땀 흘려 번 한 달 월급을 훌쩍 넘어서 버렸다.

그 순간의 짜릿함은 말로 설명하기 어려웠다.

출근길 버스에서, 회사 화장실에서, 심지어 회의 도중에도 휴대폰을 열어 계좌를 확인하며 혼자 속으로 미소를 지었다. "이게 진짜 돈 버는 맛이구나." 내가 직접 노동하지 않았는데, 숫자가 늘어나고 있었다. 그 사실이 나를 전율하게 했다.

"돈이… 이렇게 벌리는 거구나."

그 깨달음은 내 머리를 강타했다. 지금까지 나는 성실하게 일하고 절약하며 돈을 모으는 것이 유일한 길이라 믿었다. 그런데 불과 며칠 만에, 그것도 손가락 몇 번 움직인 것만으로 한 달 월급이 벌린 것이다.

그 순간 나는 착각했다. 이건 단순한 행운이 아니라고.
내가 특별해서 번 것이라 믿었고, 나에게는 남들과 다른 '투자의 촉'이 있다고 착각했다. 마치 나만 아는 비밀 통로를 찾아낸 듯한 자만심이 차올랐다.
이른바 "초심자의 행운".
그것은 달콤했지만, 동시에 나를 함정으로 끌고 들어가는 유혹이었다.

돈의 달콤함, 무지의 대가

중독처럼 스며든 수익의 달콤함

처음 맛본 달콤한 수익은 나를 완전히 다른 사람으로 바꾸어 놓았다.

차트 앞에 앉아 있는 순간만큼은, 그동안 땀 흘리며 일하던 나와는 전혀 다른 존재가 된 듯했다. 눈앞에서 빨간색과 파란색 봉 차트가 꿈틀거리며 오르내릴 때마다 내 하루의 호흡과 심장은 그 리듬에 맞춰 흔들렸다. 작은 파동 하나에도 손끝은 반사적으로 매수·매도 버튼을 눌렀고, 거래창에 숫자가 바뀌는 순간마다 내 능력이 입증되는 듯한 전율이 온몸을 타고 흘렀다.

나는 어느새 하루 종일 1분봉과 5분봉 차트에 매달려 있었다. 불규칙하게 튀어 오르는 그래프의 작은 진동 하나에도 숨을 죽였고, 주문이 기가 막히게 맞아떨어질 때마다 "내가 바로 단타의 귀재"라는 착각이 피어올랐다. 그때마다 심장은 가빠르게 뛰었고, 머릿속은 번쩍이는 쾌감으로 가득 찼다.

"이제 나는 방법을 알아낸 거야."

그 한마디가 머릿속에서 맴돌 때마다 나는 점점 더 들떴다. 인생에서 감춰져 있던 비밀의 문을 발견한 듯, 계좌를 열 때마다 느껴지는 짜릿함과 설렘은 그 자체로 중독이었다. 노동으로만 돈을 벌 수 있다는 오랜 믿음은 흔들리기 시작했고, 손가락 몇 번의 클릭으로 불어나는 잔고는 그 믿음을 빠르게 무너뜨렸다.

계좌 속 숫자가 늘어나는 속도는 마치 내 심장박동과도 같았다. 아침에 눈을 뜨면 이불 속에서 가장 먼저 휴대폰을 켜 시세를 확인했고, 출근길 지하철 창문에 비친 내 얼굴은 늘 긴장과 기대가 섞여 있었다. 머릿속에는 오직 "지금 가격이 어떻게 움직이고 있을까?"라는 생각뿐이었다. 점심시간에도 밥보다 휴대폰 차트를 먼저 확인했고, 퇴근 후에는 가족과 대화하는 와중에도 손은 무의식적으로 계좌를 열곤 했다. 밤이 되어 불을 끄고 누워도 마지막으로 확인하는 건 언제나 시세였다.

빨간 봉이 길게 뻗어 오를 때는 저절로 미소가 번졌다. 마치 세상이 내 편이 된 것 같았다. 반대로 파란 봉이 계좌를 뒤덮으면 손바닥에 땀이 차고, 머릿속은 수십 가지 불길한 상상으로 휘저어졌다. 시세의 오르내림은 곧 내 감정의 리듬이 되었고, 나는 매일같이 그 가격변동에 휘둘렸다.

수익이 생길 때마다 후회가 밀려왔다.

"왜 더 넣지 않았을까? 왜 이 정도에서 멈췄을까?"
그 아쉬움은 곧 탐욕으로 번져 나를 휘감았다. 만족은 늘 잠시였고, 욕망은 언제나 더 큰 금액을 요구했다.

대출이라는 족쇄, 그리고 무너져 가는 균형

계좌가 불어날수록 나는 마치 차트를 읽는 눈이 생긴 것처럼 착각했다. 잔고는 내 '실력'을 증명해 주는 성적표였고, 작은 성공이 쌓일수록 자신감은 곧 오만으로 바뀌었다.

그 무렵 나는 아내에게 큰소리를 치기도 했다.
"이제 우리도 여유 좀 누려도 되지 않겠어? 곧 큰돈 벌 거야."

아직 매도조차 하지 않았는데도, 이미 머릿속에는 수익이 확정된 듯한 착각이 퍼져 있었다. 우리는 평소라면 쉽게 가지 못했을 비싼 고깃집에 가서 한우를 주문했고, 불필요한 소비가 하나둘 늘어갔다. 지갑에서 나가는 돈은 현실인데, 나는 계좌 속 숫자만 바라보며 스스로를 대단한 투자자라고 착각했다. 작은 성공이 내 일상의 균형마저 흔들고 있었다.

하지만 그런 허세는 오래가지 못했다.
시장은 무심하게 조정을 주었고, 계좌는 순식간에 파랗게 물들었다. 잔고의 숫자가 빠르게 줄어드는 것을 바라보는 순간마다 내 자존감도 함께 부서져 내렸다. "이게 뭐지? 내가 뭘 잘못한 거지?"라는 불안이 끝없이 몰려왔고, 한 번 무너진 마음은 좀처럼 회복되지 않았다.

그리고 결국, 나는 대출에 손을 대고 말았다.

처음에는 소액이었다.
"잠깐만 빌리면 돼, 금방 수익 내서 갚을 수 있어."
그렇게 스스로를 설득하며 신용대출을 받았다. 하지만 한 번 무너진 경계는 다시 세워지지 않았다. "조금만 더, 이번만 더." 그렇게 불어난 대출은 내 계좌를 부풀리는 대신, 보이지 않는 족쇄가 되어 내 일상을 옭아매기 시작했다.

투자 시장에서 대출은 도구가 아니라 족쇄였다.
이유는 단순했다. 인간은 욕심을 통제하지 못하기 때문이다. 조금만 올라가면 더 넣고 싶어지고, 조금만 떨어지면 공포에 질려 도망치고 싶어진다. 빚으로 만든 투자금은 그런 심리를 더 극대화했다. 이자는 매달 나를 압박했고, 원금을 언제 갚을 수 있을까 하는 두려움이 마음속에서 늘 자리를 차지했다.

돌이켜보면, 그때의 대출은 투자라기보다 탐욕에 불을 지피는 연료였다. 시장은 기회를 주기도 하지만, 동시에 잔혹한 교훈을 안겨 준다. 나는 그 무게를 견딜 만큼 단단하지 못했고, 결국 빚이라는 족쇄에 스스로를 가두었다.

유튜브와 소문에 끌려 다니는 떠돌이 투자자

그 시절 내 귀에 가장 자주 꽂힌 건 유튜브 영상 속 달콤한 멘트였다.

"이 코인, 이번 달에 10배 간다!"

"지금 사면 평생 먹고 산다!"

알고리즘은 내 관심을 정확히 간파했고, 하루가 멀다 하고 비슷한 영상을 추천했다. 나는 그 말에 휩쓸려 덩달아 매수 버튼을 눌렀다. 왜 오르는지, 어떤 구조인지조차 알지 못한 채 그저 자극적인 말 한마디에 계좌를 맡겼다.

그 결과 내 계좌는 '백화점식 포트폴리오'로 변해 갔다. 이름은 들어본 적 있지만, 실제 무슨 역할을 하는지는 알지 못하는 코인들로 가득했다. 스스로는 분산투자라고 위안했지만, 사실 그것은 무지한 집합일 뿐이었다.

시장은 늘 두 가지 힘으로 움직였다. 탐욕과 공포.
탐욕에 휩쓸려 더 큰 수익을 바라던 나는, 조금만 조정이 와도 공포에 질려 도망치고 싶어졌다. 차트가 빨갛게 번지면 안도의 한숨을 내쉬었고, 파랗게 물들면 밤잠을 설치며 불안에 시달렸다. 남들이 매수한다는 말에는 불안해 따라 사야 할 것 같았고, 누군가 매도한다는 글을 올리면 즉시 흔들렸다.

나는 투자자를 자처했지만, 실상은 시장의 꼭두각시에 불과했다. 차트를 보는 눈도 없었고, 사이클에 대한 이해도 없었다. 내 마음은 오직 시세의 등락에 매달려 끊임없이 흔들리고 있었다. 욕망이 부풀릴 때는 세상을 다 가진 듯했지만, 두려움이 덮치면 바닥없는 구덩이에 떨어지는 듯한 기분이었다.

그리고 나는 서서히 깨닫게 되었다.
투자는 실력이 아니라 욕망과 두려움의 싸움이라는 사실을.
하지만 그 깨달음은 너무 늦게 찾아왔고, 이미 내 계좌는 깊은 손실로 물들어 있었다.

| 무너진 계좌와 흔들린 자존감

추락하는 계좌, 무너지는 자존심

탐욕과 대출이 불러온 거품은 오래가지 않았다.
백화점식으로 늘려 놓은 코인들은 상승이 멈추자 순식간에 추락하기 시작했다.
한때 빨갛게 빛나며 내 능력을 증명해 주던 숫자들은 하루아침에 파랗게 뒤바뀌었다.
계좌 창을 열 때마다 가슴이 철렁 내려앉았고, 손끝까지 싸늘해졌다.

며칠 전만 해도 나를 대단한 투자자라도 된 듯 착각하게 만들었던 그 숫자들이 이제는 나의 무능을 증명하는 증거로 돌변했다.
화면 가득 퍼져 있는 파란색은 단순한 색깔이 아니었다.
그것은 "너는 실패자야.", "시장을 우습게 본 대가를 치르는 거야. 아무것도 모르는 게 까불긴."이라는 잔혹한 문장이 되어, 마치 조롱하듯 내 마음을 날카롭게 찔렀다.

"영원한 상승도 없고, 영원한 하락도 없다."
투자라면 누구나 들어 봤을 말이다.

그러나 늦게 뛰어든 나는 그 진실을 끝내 외면했다.
'조금만 더…. 아직 끝나지 않았어…. 이번만은 다를 거야.'

희망은 집요했고, 나는 차트를 붙잡은 채 버티기만 했다.

그러나 차트는 냉혹하게 곤두박질쳤다.
무너지는 계좌를 어떻게든 복구하고자 허둥대며, '이번에는 반드시 간다.'는 코인으로 갈아타기를 반복했다.
그러나 갈아탈수록 시드머니는 더 얇아졌고, 남은 돈은 녹아내리듯 사라졌다.
무너진 것은 돈만이 아니었다.
내 안에 쌓아 올렸던 자존심, "나는 이제 돈의 흐름을 읽을 수 있다."는 착각, 그리고 스스로에 대한 믿음까지 함께 추락했다.

"나는 왜 이렇게 어리석을까?"
"정말 투자라는 걸 할 자격이 있나?"
이 질문이 내 머릿속을 파고들며 자존감을 갉아먹었다.
나는 더 이상 투자자가 아니었다. 코인을 고르는 것도, 매수와 매도를 결정하는 것도 내 판단이 아니었다.

유튜브의 달콤한 말, 커뮤니티의 확신에 찬 외침이 곧 나의 판단이 되었고, 나는 그저 버튼만 누르는 존재에 불과했다.
투자자가 아니라 투기꾼, 아니, 시장의 꼭두각시에 지나지 않았다.

그럼에도 나는 내 잘못을 인정하지 않았다. 코인을 추천한 유튜버를 원망했고, 소문을 흘린 사람들을 탓했다. 정작 선택은 내가 했음에도 불구하고, 책임은 끝내 회피하고 싶었다. 스스로를 직면하기보다 남을 탓하는 건 훨씬 쉬웠기 때문이다. 그렇게 나는 내 감정과 실패의 무게를 타인의 탓으로 돌리며, 그 순간만은 마음을 잠시 가볍게 만들고 싶었다.

하지만 그 회피는 나를 더 깊은 수렁으로 끌고 들어갔다.
남을 탓하는 동안 내 계좌는 점점 더 파랗게 물들었고, 자존감은 바닥을 뚫고 추락했다. 차트 속 숫자는 단순히 금전적인 손실만을 의미하지 않았다. 그것은 내가 내 삶을 주도하지 못하고 있다는 증거였고, 결국 손실은 숫자를 넘어 나라는 존재 자체를 무너뜨리는 치명적인 상처가 되었다.

돌이켜보면, 내 자신을 남 탓이 아닌 스스로의 잘못으로 바라보고 인정하기까지 오랜 시간이 걸렸다. 사람은 누구나 실패의 순간에 책임을 피하고 싶어 한다. 그러나 그 시간을 외면하면 외면할수록 상처는 더 깊어지고, 배움의 기회는 멀어진다. 나는 그 긴 우회로를 돌고 돌아서야, 마침내 깨달았다. 투자에서 가장 먼저 해야 할 반성은 차트가 아니라 내 자신을 보는 것이었다.

그리고 그 순간부터 조금씩 변화가 시작되었다. 잘못된 판단을 인정했을 때 비로소 다음 선택을 새롭게 준비할 수 있었고, 그 과정에서 무너졌던 자존감도 천천히 회복되었다. 실패는 더 이상 부끄러운 과거가 아니었다. 오히려 내 원칙을 다듬어 주는 스승이 되어, 나를 더 단단하게 만들고 있었다.

삶 전체를 잠식한 파란 불빛

계좌의 손실은 더 이상 금융자산의 문제가 아니었다.
그것은 내 일상과 삶 전체를 파고드는 그림자가 되었다.
아침에 눈을 뜨는 순간부터 잠에 들기 직전까지 내 머릿속을 떠나지 않는 건 오직 차트와 내 계좌의 잔액뿐이었다.
손가락은 습관처럼 휴대폰을 켰고, 화면 가득 퍼진 파란 불빛이 눈에 들어올 때마다 가슴은 무너져 내렸다.

숫자가 줄어드는 속도에 맞춰 내 자존감도 녹아내렸고, 그 파란 불빛 속에는 내 탐욕과 어리석음이 고스란히 비쳐 있었다.
가족과 함께 있는 순간에도 마음은 늘 계좌 속에 갇혀 있었다.

아내가 걱정스러운 눈빛으로 "괜찮아?"라고 물어왔지만, 나는 대답 대신 휴대폰을 뒤집어 놓기 바빴다.
아이의 웃음소리조차 내 불안을 덮어 주지 못했다.

오히려 아이의 얼굴을 보며 "이 아이를 위해 더 벌어야 하는데…."라는 압박감만 더 커졌다.

밤마다 휴대폰을 붙잡고 차트를 확인했다.
떨어진 그래프를 보며 "내일은 오르지 않을까?" 스스로를 달래 봤지만, 아침이면 더 깊은 바닥이 기다리고 있었다.
잠은 줄었고, 불안은 늘어났다.

피곤에 절은 얼굴로 출근하면서도 손가락은 여전히 휴대폰을 향했다.
시장은 내 하루의 기쁨과 슬픔을 좌지우지하는 절대 권력이 되어 있었다.

한때는 투자가 나를 자유롭게 해 줄 것이라 굳게 믿었다.
더 이상 땀 흘려 노동하지 않아도, 돈이 나를 대신해 일해 줄 거라 꿈꾸었다.

어릴 적부터 간절히 바라온 부자의 사다리를 타고 올라가면, 언젠가는 세상 앞에서 더 이상 움츠러들지 않고, 오히려 당당히 큰소리칠 수 있으리라 여겼다.

그러나 현실은 잔혹하게 달랐다.

투자는 나를 해방시킨 것이 아니라, 족쇄처럼 옭아매는 사슬이 되었다.

차트의 차가운 불빛은 내 삶을 가두는 철창이 되었고, 그 안에서 나는 끊임없이 흔들렸다.

무너진 계좌는 단순히 돈의 손실이 아니었다. 그것은 삶의 균형을 송두리째 뒤흔드는 지진이었고, 스스로에 대한 신뢰를 허물어뜨리는 거센 파도였다.

나는 그 앞에서 속수무책으로 휘둘렸고, 남겨진 것은 점점 커져만 가는 공허함뿐이었다.

| 포기 대신 버팀을 선택

포기의 유혹, 무너져 가는 날들

계좌의 손실을 메꿔야 한다는 강박 속에서 나는 거래량이 많은 코인의 차트를 열었고, 아무 일도 없다는 듯 매수와 매도를 반복했다.

그러나 반복할수록 계좌는 더 초라해졌고, 내 일상과 마음은 조금씩 무너져 내렸다. 분석이라 믿었던 보조지표와 짧은 트레이딩은 결국 환상에 불과했다. 내가 가지고 있던 코인 중 일부는 상장폐지 소문이 돌며 흔적도 없이 사라졌다.

그 손실은 단순히 숫자의 문제가 아니었다. 희망도, 일상도 함께 녹아내렸고, 일에 대한 집중력마저 흔들렸다. 하루의 기쁨과 슬픔은 오직 시장의 등락에 달려 있었고, 나는 점점 인간이라기보다 차트의 노예처럼 살아가고 있었다.

끝내 포기하지 못한 이유, 버팀이 남긴 교훈
모든 것이 산산이 부서지는 것 같았다.
계좌 속 숫자는 연일 곤두박질쳤고, 한때 내 능력을 증명해 주던 자존감은 잿더미처럼 흩어졌다.

포기하고 싶었다.
차라리 손을 털고 뒤돌아서고 싶었다.
"이 게임은 나와 맞지 않는다. 나는 원래 성실히 노동만 해야 하는 사람이다."
이런 합리화로 스스로를 위로하며, 계좌를 닫아 버리고 싶은 충동이 수없이 밀려왔다.

그러나 이상하게도 완전히 놓아 버릴 수는 없었다.
휴대폰을 덮고 며칠간 애써 무시하다가도, 어느 순간 나는 다시 모니터 앞에 앉아 있었다.
차트는 더 깊은 바닥을 보여 주었지만, 내 손가락은 끝내 계좌를 닫지 못했다.

스스로도 낯설었다. "왜 이렇게까지 붙잡고 있는 걸까? 왜 이렇게 상처받으면서도 도망치지 못하는 걸까?"

돌이켜보면 그것은 단순한 집착만은 아니었다.
내 안에 이미 자리 잡은 '견디는 힘' 때문이었다.
그 싸움 속에서 내가 붙잡을 수 있는 유일한 무기는 다름 아닌 '버팀'이었다.
어린 시절 낡은 신발을 고쳐 신으며 하루를 버텼던 기억, 공무원 시험에서 수차례 떨어지면서도 다시 책상 앞에 앉을 수 있었던 기억. 모두 같은 힘에서 비롯된 것이었다. 그 인내는 내게 주어진 가장 단순하면서도 강력한 생존 전략이었다. 그 끈을 놓지 않았기에 나는 조금씩 실패를 이겨 내고, 스스로를 되돌아볼 수 있었다.

투자는 단순히 돈을 불리는 게임이 아니었다. 차트와 숫자가 아니라, 무너져 가는 나 자신과 마주하는 과정이었고, 내 안의 욕망과 두려움을 이겨 내려는 싸움이었다. 그리고 그 속에서 나는 투자자로서 첫 번째 교훈을 얻었다.

비록 수익을 내지 못했어도, 손실 속에서도 포기하지 않고 살아남았다는 사실 자체가 의미가 된다는 것. 투자의 세계에서 가장 큰 승리는 누구보다 빨리 오르는 것이 아니라, 끝내 버텨 살아남는 것임을 나는 비로소 깨달았다.

이 깨달음은 단숨에 찾아오지 않았다. 수없이 무너졌다가 다시 일어나기를 반복하며, 쓰라린 시간을 지나야만 알 수 있었다. 그러나 바로 그 시간이 있었기에 나는 조금씩 달라졌다. 손실을 감당하는 힘, 감정을 눌러내는 훈련, 그리고 '언젠가 기회는 다시 온다.'는 믿음.

이 모든 것은 결국 한 가지에서 비롯되었다.
버팀은 돈을 지키기 위한 선택이 아니라, 끝내 나 자신을 지켜낸 선택이었다.

| 손실 속에서 얻은 작은 단서

무너짐이 남긴 메시지

처음에는 위풍당당했던 나의 계좌가 어느새 바닥을 향해 곤두박질쳤다.
나는 그저 멍하니 숫자가 무너져 내리는 화면만 바라볼 수밖에 없었다.

한때는 아내 앞에서 당당히 내밀던 계좌였다.
그러나 이제는 몰래 숨겨두고 혼자만 들여다보는 부끄러운 장부가 되어 있었다.

'곧 큰 부자가 될 것'이라는 나의 오만은 착각에 불과했다.
겉으로 보기에는 실패 말고는 아무것도 남지 않은 듯했다.
하지만 시간이 흐르며 조금씩 깨달았다.
그 손실 속에도 나를 일깨우는 메시지가, 다음 길을 열어 줄 단서가 숨어 있었다는 것을.

첫째, 시장에 대한 태도의 문제였다. 나는 탐욕과 공포라는 감정에 휘둘리며 시장을 바라봤다. 단기 차트에 매달려 하루의 오르내림에만 반응하는 동안, 정작 중요한 싸이클과 큰 흐름은 보지 못했다. 마치 눈앞의 파도에만 몰두하다가, 거대한 조류가 어디로 흘러가는지는 전혀 모르는 서투른 뱃사공 같았다. 그 결과, 잠깐의 파도에는 올라탔을지 몰라도 결국 더 큰 흐름에 휩쓸려 나가떨어지고 말았다.

둘째, 원칙의 부재였다. 언제 사고, 언제 팔 것인지. 손실은 어디서 끊고, 수익은 어디서 실현할 것인지. 나는 어떤 기준도 없이 남의 말에 의존해 매매했다. 누가 "이건 간다."고 하면 따라 샀고,

"이제 위험하다."는 말이 들리면 덩달아 팔았다. 그러다 보니 내 계좌는 '백화점식 포트폴리오'로 변했고, 방향도 책임도 없는 종잇장에 불과해졌다.

셋째, 투자가 결국 나 자신과의 싸움이라는 사실이었다. 내가 무너진 이유는 시장이 잔혹해서가 아니었다. 시장은 그저 늘 움직이는 대로 움직였을 뿐이다. 나를 무너뜨린 것은 내 안의 탐욕과 두려움이었다. 오를 때는 끝까지 올라갈 거라 착각하며 욕심을 부렸고, 내릴 때는 끝없이 무너질 거라 두려워하며 허둥댔다. 하루는 상승에 들떠 밤새 잠을 설쳤고, 다음 날 하락에는 절망하며 휴대폰을 덮어 버렸다. 결국 차트가 아니라 내 감정이 계좌를 흔들고 있었던 것이다. 그리고 그것을 인정하는 순간, 비로소 다시 시작할 힘이 생겼다.

가족 앞에서 다짐한 재기의 의지

그 시절 나는 속이 쓰라려 밤마다 위장약을 삼키며 하루를 버텼다.

아내는 묻지 않았다. 그러나 묻지 않는 그 침묵 속에서, 오히려 더 큰 죄책감이 몰려왔다. 말없이 저녁을 차려주던 그 손길 하나에도, 나는 '더 이상 도망칠 수 없다.'는 압박을 느꼈다. 그 순간만큼은 시장의 공포보다 아내의 눈빛이 더 두려웠다.

어느 날 밤, 나는 잠든 네 살 아들의 얼굴을 오랫동안 바라봤다. 작은 가슴이 오르내리며 고른 숨을 쉬고 있었다. 땀에 젖은 머리칼이 이마에 달라붙어 있었고, 작은 손은 이불을 꼭 움켜쥐고 있었다. 그 모습을 보는 순간, 내 마음속 깊은 곳에서 다짐이 터져 나왔다.

"내가 반드시 다시 일어나야 한다. 그래야 이 아이의 미래를 지켜 줄 수 있다."

손실은 컸다. 계좌는 이미 초라해졌고, 한동안은 회복이 불가능해 보였다. 그러나 그 안에서 얻은 교훈은 더 컸다. 단순한 숫자의 손실이 아니라, 나를 지탱해 줄 철학의 씨앗이었다.

나는 알게 되었다.
투자는 돈과의 싸움이 아니었다. 그것은 불안과 욕망, 두려움과 자만심이라는 내 내면의 적과 싸우는 과정이었다. 시장을 원망해 봤자 아무 의미가 없었다. 오히려 그 속에서 나 자신을 마주하고 단련하는 것, 그것만이 내가 살아남을 수 있는 길이었다.

그날 이후 나는 다시 책을 집어 들었다. 단순히 차트를 해석하는 기술서가 아니라, 시장을 바라보는 태도와 원칙을 다루는 책들이었다. 매일 기록을 남기며 내 감정을 돌아봤고, 욕심이 앞서면 왜 그런지 적어 내려갔다. 두려움에 매도했다면 그 이유를 분석했다. 그렇게 기록은 나를 다시 세워 주는 거울이 되었다.

그리고 나는 더 이상 계좌 속 숫자만 바라보지 않으려 했다. 아들의 웃음, 아내의 지친 얼굴, 그리고 내게 주어진 오늘 하루. 이 모든 것이 나를 다시 일으켜 세우는 이유였다.

결국, 손실은 내게 치명적인 패배가 아니었다.

그것은 다시 걸어가기 위한 밑거름이었다.

그 밑거름은 훗날 찾아온 대하락기 속에서도 내가 다시 일어설 수 있는 발판이 되었다.

- 3장을 마치며 -

잃음이 남긴 깨달음의 통찰

나는 투자 시장에서 손실을 처음 경험하면서, 돈을 잃는다는 것이 단순히 자산의 감소가 아니라는 사실을 알게 되었다. 그것은 내가 믿고 있던 원칙과 태도가 흔들리는 경험이었고, 나라는 사람이 얼마나 준비되지 않았는지를 여실히 보여 주는 사건이었다.

처음엔 오직 계좌 속 잔고의 하락만이 내 눈에 들어왔다.
화면 속 파란 불빛은 내 하루의 기분을 좌우했고, 계좌의 숫자는 곧 나의 자존심과 직결되었다.
하지만 시간이 지나면서 깨달았다. 시장은 늘 같은 방식으로 움직이고 있었고, 변한 것은 내 안의 태도였다.
오를 때는 욕심이, 내릴 때는 두려움이 나를 지배했다.
결국 계좌를 무너뜨린 것은 시장이 아니라 내 자신이었다.

손실은 내게 불편한 진실을 가르쳐 주었다. 나는 투자에 대해 아무것도 모르면서 안다고 착각하고 있었고, 원칙 없이 남의 말에 기대어 판단하며 스스로를 합리화했다. 잘되면 내 실력이라 여기고, 안 되면 남 탓을 하며 책임을 회피했다. 그런 태도는 계좌만이 아니라 내 자신을 더 초라하게 만들었다. 손실의 금액보다 더 큰 문제는, 그 과정에서 내 자신을 믿지 못하게 된 것이었다.

돌이켜보면, 나는 늘 결과만 바라봤다. 빨리 돈을 벌고 싶었고, 다른 사람들보다 뒤처지고 싶지 않았다. 그 조급함은 대출이라는 족쇄를 불러왔고, 결국 내 삶 전체를 흔드는 불안으로 이어졌다. 손실은 단순히 투자 실패의 결과가 아니라, 내 삶의 태도와 부족한 준비가 만들어 낸 당연한 귀결이었다.

그렇다고 해서 이 경험이 전부 부정적인 것만은 아니었다. 오히려 나는 이 실패를 통해 중요한 사실을 배웠다. 투자는 돈과 싸우는 것이 아니라 나 자신과 싸우는 일이라는 것. 내가 감정을 다스리지 못하면, 어떤 기술이나 정보도 소용없다는 것. 그리고 진짜 위기는 시장의 하락이 아니라, 그 속에서 나 자신을 잃는 순간이라는 사실이었다.

결국 3장에서 얻은 가장 큰 교훈은 이것이었다.

투자에서 손실은 피할 수 없고, 실패는 누구나 겪는다. 중요한 것은 손실 자체가 아니라, 그 손실을 통해 내가 무엇을 배우고 어떻게 변하느냐였다. 나는 손실 속에서 시장을 탓하는 대신 나 자신을 바라보아야 한다는 사실을 배웠다. 그것이 고통스러웠지만 동시에 유일하게 앞으로 나아갈 수 있는 길이었다.

지금 돌아보면, 잃음은 나를 무너뜨린 것이 아니라 나를 성장시키는 과정이었다. 나는 잃음을 통해 내 약점을 보았고, 그 약점을 인정하면서 다시 시작할 힘을 얻었다. 돈은 다시 벌 수 있지만, 자기 자신을 잃으면 아무것도 할 수 없다. 그래서 나는 손실 속에서도 끝내 포기하지 않았다. 그것은 단순한 집착이 아니라, 앞으로의 길을 준비하기 위한 과정이었다.

3장은 내 투자 인생에서 가장 쓰라린 시기였다. 하지만 그 시기를 지나며 나는 분명히 달라졌다. 이제는 손실을 단순한 실패로 보지 않는다. 그것을 성장의 비용으로 바라본다. 그 값비싼 비용이 있었기에, 나는 앞으로의 길을 더 단단하게 걸어갈 수 있다.

4장

투자자의 원칙

| 22년도 공포의 해

2022년이라는 해를 돌이켜보면, 그 어떤 수식어로도 부족할 만큼 거대한 공포의 그림자가 드리워져 있었다.

코로나 팬데믹 이후 전례 없는 수준으로 풀렸던 유동성은 미국 연방준비제도의 가차 없는 금리 인상으로 빠르게 거둬들여졌다. 빅스텝, 자이언트 스텝이라는 말이 더 이상 뉴스의 낯선 용어가 아니라 일상의 대화 속에 오르내렸다. 매일 아침 신문과 경제 채널은 붉은 숫자로 도배되었고, '사상 최대 하락'이라는 표현은 더 이상 충격적이지 않을 정도로 익숙해졌다.

주식, 부동산, 암호화폐까지.

시장의 모든 자산이 동반 추락했다. 어제까지 영웅이라 불리던 투자자들이 하루아침에 파산 소식을 전했고, 경제 유튜버들은 연일 "이제 진짜 위기다."라는 자극적인 제목으로 불안을 증폭시켰다. 온라인 커뮤니티에는 절망의 글들이 이어졌고, 누군가는 극단적인 선택을 고민한다는 고백까지 남겼다.

나 역시 그 한가운데 있었다. 계좌는 이미 초토화되었다. 땀 흘려 일하고 아껴 모은 돈이 순식간에 무너져 내렸고, 처음에는 '잠시의 조정이겠지.'라며 스스로를 위로했지만 곧 그것이 착각임을 인정해야 했다.

시세 확인은 더 이상 기대가 아니라 서서히 몸을 갉아먹는 공포였다.

스마트폰 불빛 속에서 차트는 매일 새로운 바닥을 찍으며 끝없이 추락했고,

거래소 계좌에 접속해야 한다는 생각은 머릿속을 맴돌았지만, 막상 화면을 열 용기는 좀처럼 나지 않았다.

숫자는 단순한 데이터가 아니라, 내 두려움과 무력감을 적나라하게 드러내는 잔혹한 기록처럼 보였다.

나는 수없이 마음속으로 되뇌었다.
"이제 정말 끝난 건 아닐까?"
"다시 예전 같은 상승장은 오지 않는 건 아닐까?"

그 시절의 비트코인 시장은 누구라도 "끝났다, 망했다."라고 단정 지을 만큼 처참했다.

그러나 포기하고 싶은 마음과 끝까지 버텨야 한다는 목소리가 내 안에서 치열하게 맞섰다. 그 이유는 단순한 집착이 아니었다. 내 곁에는 아내와 네 살배기 아들이 있었기 때문이다.

밤마다 아이의 얼굴을 바라보면, 가슴 깊은 곳에서 힘이 차올랐다. 작은 숨결과 미소는 무너져가는 나를 붙잡았다. '여기서 쓰러지면 안 된다. 나는 아버지다.' 이 단순한 사실이 나를 다시 일으켜 세웠다. 계좌는 잿더미였지만, 가족이라는 현실의 울타리가 나를 붙잡아 주었다.

그래서 나는 방향을 바꾸기로 했다. 무작정 차트를 붙잡고 앉아 있는 대신, 본업에 다시 집중했다. 현실에서 내가 책임져야 할 것은 계좌가 아니라 가족이라는 사실을 잊지 않으려 했다. 동시에 무너진 투자 과정을 하나하나 곱씹으며 스스로를 냉정하게 돌아보았다.

그 과정에서 중요한 깨달음이 찾아왔다.
투자는 단순히 '끝까지 버티는 것'만으로는 살아남을 수 없다는 것이다. 무작정 손을 놓지 않는 인내는 희망 고문에 불과하다.

진짜 버팀은 분별력 위에서만 의미를 가진다. 무엇을 붙잡고, 무엇을 내려놓아야 하는지 구분할 줄 아는 태도, 그것이 없으면 버팀은 오히려 파멸로 이어진다.

나는 그제야 알았다. 버팀은 기술이 아니라 태도라는 것을. 그리고 그 태도는 맹목이 아니라 원칙 위에서만 가능하다는 것을 그제서야 알게 되었다.

공포의 시절이 남긴 두 번째 깨달음

공포의 시절을 지나며 나는 또 하나의 교훈을 얻었다.

투자는 단순히 손실을 견디는 인내심만으로는 살아남을 수 없다는 사실이었다. 세상에는 '끝까지 버티는 사람'들이 많다. 하지만 그들 중 상당수는 결국 더 큰 손실 속에서 퇴장한다. 버팀이 가치 있으려면 반드시 원칙 위에 서야 한다.

그때 나는 스스로에게 물었다.
"나는 왜 무너졌는가?"
"왜 그토록 쉽게 흔들렸는가?"

답은 분명했다. 원칙이 없었기 때문이다.
언제 사고, 언제 팔아야 하는지, 손실을 어디까지 감내할 것인지, 아무런 기준이 없었다. 원칙이 없으니 시장의 변동성에 따라 감정이 널뛰었고, 그때마다 나는 무력해졌다.

공포의 한가운데서 나는 깨달았다.

투자에서 진정한 힘은 '돈을 불리는 기술'이 아니라 '마음을 다스리는 규율'이라는 것을. 남들이 탐욕에 휩싸일 때 거리를 두고, 남들이 두려움에 휩싸일 때 차분히 바라볼 수 있는 힘. 그것은 단순한 인내가 아니라 훈련된 분별력이었다.

돌이켜보면, 나는 2022년이라는 '공포의 해'를 통해 이 사실을 체득했다. 잃어버린 돈보다 더 값진 것을 얻은 셈이었다. 그것은 바로 나를 지켜낼 최소한의 원칙이었다.

"투자는 끝까지 버티는 게임이 아니다.

무엇을 버티고, 무엇을 버리지 않아야 하는지를 아는 것. 그 분별이 원칙이다."

이 깨달음은 이후 내 투자 철학의 뼈대가 되었다. 그리고 단순히 투자에서만 그치지 않았다. 삶을 살아가는 방식에서도 나를 지탱하는 힘이 되어 주었다.

| 차트보다 인간심리가 먼저다

숫자의 노예가 되었던 시간

처음 투자를 시작했을 때 나는 오직 숫자에만 매달렸다.

계좌에 찍히는 수익률, 빨간색과 파란색으로 번쩍이는 차트, 하루에도 수십 번 변하는 호가창의 움직임이 나의 감정을 좌지우지했다. 차트가 조금이라도 오르면 세상을 다 가진 듯 행복했고, 조금만 내려가도 가슴이 철렁 내려앉았다. 불과 몇 퍼센트의 등락이 내 하루의 기분과 삶의 태도를 결정했다.

"오늘은 +5%네. 역시 내 선택이 맞았어."
"아… 또 -3%야. 왜 나는 늘 이 모양이지."

그 시절 나는 철저히 숫자의 노예였다.

그러나 시간이 흐르면서 서서히 깨달았다. 숫자는 결과일 뿐이라는 것을.

그 숫자를 움직이는 진짜 힘은 차트나 지표가 아니라, 결국 사람들의 심리였다는 것을.

내가 직접 경험한 한 장면이 있다.

어느 날 온라인 커뮤니티와 유튜브에서 "이 코인은 곧 대박 난다."는 말이 쏟아졌다. 처음엔 반신반의했지만, 다들 산다니 나만 가만히 있으면 뒤처질 것 같았다. 결국 덜컥 매수 버튼을 눌렀다.

처음엔 기분이 좋았다. 운이 좋게도 매수를 하자마자 가격은 가파르게 치솟았다. 계좌 속 빨간 숫자를 보며 가슴이 두근거렸고, '역시 남들이 말할 때 같이 타야 하는 거구나.'라는 착각까지 했다.

하지만 불과 며칠 뒤 상황은 급변했다. 상승은 오래가지 않았고, 하락이 시작되자 같은 사람들이 이제는 "망했다.", "빨리 손절해야 한다."라고 외쳤다. 그리고 나는 또 그 말에 휩쓸려, 겁에 질린 손으로 매도를 하였다.

그러나 내가 던진 그 순간부터 차트는 다시 고개를 들며 상승 곡선을 그렸다. 결국 나의 기준이 없이 남들이 하라는 대로 따라해서 실패를 경험하게 되었다.

시장은 심리의 무대, 차트는 단지 거울

그때 깨달았다. 시장은 인간의 욕망과 두려움이 모여 만든 집단 심리의 산물이라는 것을.

탐욕이 몰려들면 가격은 오르고, 공포가 몰아치면 가격은 무너진다. 차트는 그저 그 심리를 뒤늦게 비춰 주는 거울일 뿐이었다.

주식시장에서도, 암호화폐 시장에서도, 늘 반복되는 패턴이 있다.

사람들은 모두가 환호할 때 뛰어들고, 모두가 절망할 때 떠난다. 그래서 늘 대열의 가장 뒤에 서게 된다. "시장을 이길 수 있다."는 생각은 결국 자신을 병들게 하고, 때로는 가족까지 불행하게 만든다. 시장은 개인의 의지나 열정으로 넘어설 수 있는 상대가 아니었다.

나는 점점 궁금해졌다.
"왜 사람들은 같은 실수를 반복할까?"
"왜 나 역시 그들과 똑같이 흔들릴까?"

그 해답을 찾기 위해 나는 책을 붙잡았다. 부자들의 사고방식, 인간 심리학, 자본주의와 돈의 상관관계에 관한 책들을 닥치는 대로 읽었다. 투자와 관련된 책만 대략 100권은 넘겼다. 처음엔 무식하게 읽었지만, 어느 순간 그 책들이 내 안에서 하나의 관점으로 연결되기 시작했다.

그리고 나는 한 가지 통찰에 도달했다.
"시장을 본다는 건 결국 사람을 보는 일"이라는 사실이었다.

주식 차트나 코인 차트의 곡선은 결국 인간 심리의 궤적이었다. 탐욕과 두려움이 교차하는 지점에서 곡선은 급등했고, 절망과 패닉이 몰려드는 순간에 곡선은 곤두박질쳤다. 시장은 숫자가 아니라 심리로 움직였다. 그래서 차트를 읽는다는 건 단순한 기술적 분석이 아니라, 인간을 이해하는 훈련이었다.

반복되는 욕망, 그리고 내 좌우명

그 과정에서 만난 한 문장이 내 마음을 깊이 울렸다.

프랑스 계몽사상가 볼테르는 이렇게 말했다.
"역사는 되풀이되지 않는다. 인간이 되풀이될 뿐이다."

나는 그 말을 곱씹으며 이렇게 바꿔 적어 두었다.
"역사가 반복되는 것이 아니다. 다만, 인간의 욕심은 끝이 없고 같은 실수를 반복하기에 역사가 반복되는 것처럼 보이는 것이다."

이 문장은 단순한 역사적 통찰을 넘어, 투자와 삶 전반에서 스스로를 경계하게 만드는 나의 좌우명이 되었다.

시장은 언제나 새로운 사건처럼 보이지만, 결국 인간의 욕망과 공포는 변하지 않았다. 탐욕이 한 번 몰려들면 사람들은 "이번만은 다르다."고 믿고, 공포가 휘몰아치면 "모든 것이 끝났다."고 확신한다. 그러나 역사는 늘 같은 패턴을 보여 준다.

나는 다짐했다.
"내가 흔들리지 않으려면, 차트가 아니라 인간심리를 읽어야 한다."
"차트는 거울일 뿐, 진짜 본질은 사람의 마음에 있다."

그래서 지금도 나는 시장 앞에서 이 말을 되새긴다.
"역사가 반복되는 것이 아니라, 인간의 욕망이 반복되는 것이다."

탐욕과 공포가 반복되는 시장에서 흔들리지 않기 위해, 나는 지금도 이 말을 마음속에 새기며 나 자신을 다잡는다. 차트는 결국 내 마음을 비추는 거울이다. 시장은 인간 심리의 무대이고, 그 무대 위에서 살아남으려면 무엇보다 나 자신을 이해하는 일이 먼저였다.

혹시 이 글을 읽는 당신도 오늘 시장 앞에서 흔들리고 있다면, 나의 이 다짐이 작은 참고점이 되길 바란다.
시장을 이기는 힘은 차트를 해석하는 기술이 아니라, 인간 심리를 이해하고 결국 자기 자신을 다스리는 데서 시작된다. 그리고 그 훈련은 시장을 넘어, 인생 전체를 버티게 해 주는 힘이 될 것이다.

군중을 따라가도록 설계된 본능

인간은 왜 늘 조급할까?
우리는 흔히 "마음을 다스리지 못해서 그렇다."라고 생각한다. 그러나 그 뿌리를 더 깊이 들여다보면, 이는 단순한 성격 문제가 아니다. 수십만 년에 걸친 진화 과정 속에서 형성된 본능임을 알 수 있다.

원시 본능 — '지금 당장'과 '무리를 따르는 습관'
원시시대의 삶은 불확실성의 연속이었다. 기후는 불안정했고, 사냥은 언제 실패할지 알 수 없었으며, 식량은 늘 부족했다. 오늘 눈앞의 열매를 따먹지 않으면 굶주림이 찾아왔고, 토끼를 놓치면 가족이 저녁을 굶어야 했다.

그 상황에서 "내일 더 달콤하게 익을 때 먹자."라는 생각은 사치였다. 조금 더 나은 미래를 기대하기보다는, 지금 당장 움직인 이들이 살아남았다. 그들의 본능은 유전자에 각인되어 오늘날까지 이어졌다. 조급함은 생존을 지켜주는 무기였지만, 현대의 투자 시장에서는 오히려 독이 된다.

또 하나의 본능은 무리를 따르는 습관이다. 불과 수만 년 전만 해도 혼자 남아 있다는 건 곧 죽음을 의미했다. 맹수가 나타났을 때 무리와 함께 달아난 자는 살아남았지만, 홀로 남은 자는 쉽게 잡아먹혔다. 불을 함께 피우고, 음식을 나누고, 사냥을 협력해야만 생존할 수 있었기에, 무리 안에 속하는 것이 곧 안전이었다.

따라서 우리 뇌에는 "다수가 가는 길이 안전하다."는 믿음이 새겨져 있다. 행동심리학에서도 이를 입증했다. 1950년대 애쉬(Asch)의 동조 실험에서 사람들은 명백히 틀린 답을 알면서도 집단이 같은 대답을 하면 그대로 따라갔다. 군중을 따르는 것은 단순한 사회적 습관이 아니라, 생존의 뿌리 깊은 본능이었던 것이다.

시장에서 드러나는 본능의 역설

그러나 투자 시장은 정반대로 움직인다. 군중이 몰려드는 순간은 대개 고점이고, 군중이 두려움에 떠는 순간이 바닥이다.

역사는 이를 반복해 왔다. 닷컴버블 시기, '인터넷이 세상을 바꾼다.'는 구호 속에서 사람들은 앞다투어 주식을 사들였지만, 거품은 결국 터졌다. 2008년 금융위기 때는 모두가 공포에 질려 자산을 팔아치웠지만, 불과 몇 년 뒤 시장은 회복하며 새로운 부를 만들어냈다. 2020년 코로나 폭락장에서도 비슷했다. 지수가 30% 넘게 무너졌을 때 공포에 팔아 버린 투자자들은 가장 싼 값에 스스로 기회를 내던졌다.

손실 회피 본능 — 고통은 이익보다 더 크다

카너먼과 트버스키의 연구는 이 본능을 과학적으로 증명했다. 그들의 프로스펙트 이론에 따르면, 인간은 같은 금액의 이익보다 손실을 훨씬 더 크게 느낀다. 100만 원을 벌었을 때의 기쁨보다 100만 원을 잃었을 때의 고통이 두세 배 더 크게 다가온다.

원시 환경에서는 이 감각이 합리적이었다. 한 번의 손실은 목숨과 직결되었으니 반드시 피해야 했다. 그러나 시장에서는 이 감각이 우리를 속인다. 단기적인 손실을 피하려다 장기적인 기회를 잃고, 결국 더 큰 손실을 감수하게 되는 것이다.

본능을 거스르는 길

우리는 원시시대의 뇌로 주식, 부동산, 암호화폐와 같은 복잡한 금융시장을 상대한다. 조급함은 성급한 매수를 부르고, 군중심리는 고점에서의 안심을, 손실회피 본능은 바닥에서의 손절을 부른다. 생존의 본능이 시장에서는 패배의 습관으로 바뀌는 것이다.

따라서 진정한 투자자의 길은 본능을 거스르는 길이다. 남들이 환호할 때 오히려 경계하고, 모두가 두려워할 때 차분히 기회를 바라보아야 한다. 조급한 마음을 다스리고, 당장의 손실을 견디며, 장기적인 안목을 지키는 것. 그것이 원시 본능과 반대되는 길이지만, 결국 성공한 투자자가 선택하는 길이다.

투자는 단순한 숫자 놀음이 아니다. 인류가 남긴 본능과 싸우는 과정이며, 그 본능을 인정하되 끌려 다니지 않는 훈련이다. 우리는 원시의 뇌를 가진 채 첨단 금융시대에 던져져 있다. 그렇기에 원칙은 단순한 전략이 아니라, 본능을 넘어서는 유일한 무기다.

원시의 숲에서 살아남게 해 준 본능이, 현대의 투자에서는 실패로 이끄는 함정이 된다. 그 함정을 자각하고 넘어설 때, 비로소 우리는 투자자로서, 또 삶의 주체로서 성장할 수 있다. 이것이야말로 부자가 되기 위한 진짜 출발점이다.

| 내 마음의 성장과 훈련

탐욕과 공포, 마음을 흔든 두 얼굴

투자를 흔든 가장 큰 적은 시장이 아니었다.

내 안에서 솟구친 탐욕과 공포, 그 두 얼굴이었다.

탐욕은 불시에 찾아왔다. 계좌 속 숫자가 조금만 늘어나도 금세 "이제 나도 부자가 될 수 있구나."라는 착각이 솟구쳤다. 시드는 늘어나야 직성이 풀렸고, 조금 더 과감히 들어갔다면 더 큰 수익을 얻었을 텐데 하는 아쉬움이 곧 욕심으로 번졌다.

반대로 차트가 무너져 내릴 때는 공포가 내 몸을 지배했다. "지금이라도 팔아야 하나? 아니면 버텨야 하나?" 불안만이 가슴을 짓눌렀다. 나는 그때마다 같은 실수를 반복했다. 상승장에서 무리해서 뛰어들었고, 하락장이 시작되면 두려움에 못 이겨 허겁지겁 던졌다. 손실의 원인은 시장이 아니었다. 내 안의 욕심과 공포, 그 마음을 다스리지 못한 나 자신이었다.

그 출발점은 어쩌면 '벼락거지'라는 말에서 비롯된 조급함과 불안이었다. 세상은 하루가 멀다 하고 누군가는 돈을 벌었다는 이야기로 들썩였다. 주식으로 몇 배를 벌었다, 코인으로 단숨에 자산을 불렸다, 부동산으로 인생이 달라졌다는 성공담이 귀를 파고들었다. 나는 생각했다.

"가만히 있으면 나만 뒤처지는 건 아닐까?"

그 조급함은 결국 무지한 선택으로 이어졌다. 원칙도, 기준도 없이 남들이 간다 하니 따라갔고, 남들이 불안하다 하니 같이 도망쳤다. 내 계좌는 점점 모래성처럼 무너졌다.

그제야 알았다. 투자에서 훈련해야 할 것은 화려한 기법이 아니라, 내 마음의 그릇이라는 사실을.

마음을 단련하는 세 가지 훈련

나는 결심했다. "이제부터는 마음을 훈련해야 한다."

투자를 오래 한 사람들은 하나같이 말한다. "투자는 기술이 아니라 심리전이다." 그 말은 단순한 격언이 아니었다. 내가 경험으로 체득한 진실이었다.

그래서 나는 몇 가지 훈련을 시작했다.

첫째, 차트를 덮는 훈련. 아침에 눈 뜨자마자 휴대폰을 켜던 습관을 끊으려 했다. 처음엔 손이 근질거렸지만, 하루를 차트 없이 시작해 보니 그날만큼은 마음이 한결 편안했다. 출근길 버스 창밖 풍경이 다시 눈에 들어오기 시작했다.

둘째, 소문과 추천을 흘려보내는 훈련. 유튜브 영상, 커뮤니티의 글, 주변의 "이거 대박 난다."는 말들을 그대로 따라하지 않고 일단은 메모장에 적어 두었다. 하루가 지나도 여전히 가치 있다고 느껴질 때만 조금씩 검토했다. 단순하지만 이 습관 하나로 충동 매매가 눈에 띄게 줄어들었다.

셋째, 작은 금액으로 원칙을 실험하는 훈련. 큰돈이 아니라 감당 가능한 소액으로만 매매했다. 잃어도 생활이 흔들리지 않을 정도의 금액이라 차분히 복기할 수 있었다. 수익보다 배움이 목적이었기에, 작은 손실도 기록해두면 곧 값진 경험이 되었다.

처음에는 쉽지 않았다. 손은 늘 근질거렸고, 누군가 추천한다는 말에 귀가 솔깃했다. 그러나 반복할수록 내 마음은 조금씩 단단해졌다. 불안할 때도 차트를 열지 않고 버티는 힘, 남들과 비교하지 않는 태도가 생겨났다.

그 무렵, 나는 시골의사 박경철 선생님의 《W를 찾아서》에서 인상 깊은 이야기를 접했다. 그는 세상의 0.1%는 창의적인 인간이고, 0.9%는 그 창의성을 알아보는 통찰력 있는 인간이며, 나머지 99%는 잉여 인간으로 구성되어 있다고 말했다.

나는 늘 99%의 무리에 속해 있었다. 남들의 말에 흔들리고, 소문을 따라가며 투자하며, 스스로는 '정보가 부족해서 실패한다.'고 생각했다. 하지만 사실은 달랐다. 정보는 이미 넘쳐나고 있었다. 문제는 그것을 걸러내고, 내 기준으로 소화하지 못했다는 점이었다.

결국 투자는 지식의 양이 아니라 태도의 문제였다. 본질을 꿰뚫어보려는 눈, 그리고 남들보다 조금 먼저 용기를 내는 자세가 나를 99%에서 벗어나게 할 유일한 길임을 깨달았다.

나는 더 이상 떠밀려 다니는 99%의 잉여인간에 머무르고 싶지 않다. 내가 되고 싶은 건 단순한 투자자가 아니라, 통찰력을 가진 0.9%의 사람이다. 창의적인 0.1%가 던진 불빛을 알아보고, 두려움 속에서도 기회를 붙잡을 수 있는 사람.

그것이 바로 W 세상의 버스를 타는 길이라고 믿는다. 언제 올지 모를 그 버스를 준비하며 기다리고, 마침내 올라탈 수 있는 용기를 가진 사람이 되고 싶다. 통찰은 결코 우연히 찾아오지 않는다. 수많은 기록과 성찰, 그리고 쓰라린 실패 속에서 단련된 태도만이 나를 그 길로 이끌 것이다.

| 원칙을 세우고, 삶으로 확장하다

원칙을 세우게 된 배경

나는 한때 원칙 없는 투자자였다. 차트의 빨간 봉과 파란 봉에 따라 하루에도 수십 번씩 마음이 요동쳤다. 계좌 속 숫자가 조금만 오르면 스스로를 능력 있는 투자자라 착각했고, 조금만 내려가면 '나는 실패자'라는 자책에 사로잡혔다. 그 불안과 교만이 교차하는 순간마다, 나는 같은 실수를 반복했다.

그러나 수많은 실패 끝에 나는 깨달았다. 투자는 기술이 아니라 태도의 문제라는 것과 숫자를 다루기 전에 마음을 다스려야 한다는 것을. 그래서 나는 내 삶과 투자를 지켜줄 세 가지 원칙을 세웠다.

이 원칙들은 단순히 돈을 지키기 위한 장치가 아니었다. 그것은 내 삶을 버티게 해 준 기둥이었고, 나라는 사람을 정의하는 기준이 되었다.

첫째, 감당할 수 있는 범위 안에서만 투자한다.

나는 빚을 지고 투자하는 것이 얼마나 위험한지 뼈저리게 경험했다.

처음 신용대출을 받았을 때는 "이 정도면 금방 갚을 수 있겠지."라고 생각했다. 차트가 오르던 순간에는 오히려 뿌듯했다. "역시 내 판단이 맞았어, 대출을 활용하길 잘했네." 그러나 그 기쁨은 오래가지 않았다. 시장은 내 기대와 달리 곤두박질쳤고, 이자는 매달 꼬박꼬박 나를 압박했다.

출근길 지하철 안에서 휴대폰에 찍힌 -20%, -30%라는 숫자를 보며, 머릿속에서는 이자 납부일이 떠올랐다. '다음 달 카드값은 어떻게 하지? 대출 이자는 또 어떻게 갚지?' 시장의 하락보다 더 무서운 건 바로 그 현실적인 압박이었다.

그때 나는 깨달았다. 빚을 끌어다 쓰는 투자는 나를 자유롭게 하지 않는다. 오히려 내 삶을 옭아매는 족쇄가 된다. 이후 나는 어떤 유혹이 와도 내 감당 범위를 넘어서는 레버리지는 절대 쓰지 않겠다고 다짐했다. 그것은 단순한 투자 전략이 아니라, 내 인생을 지켜 내는 약속이었다.

둘째, 알지 못하는 분야에는 절대로 들어가지 않는다.
예전의 나는 호기심과 조급함에 쉽게 흔들렸다. 커뮤니티에서 누군가 "이 코인, 이번에 대박 난다."고 말하면, 나도 모르게 매수 버튼을 눌렀다. 코인의 백서도 읽지 않았고, 그 프로젝트가 무엇을 하는지도 몰랐다. 단지 "다들 산다니 나도 사야지."라는 불안에 쫓겼을 뿐이다.

결과는 늘 같았다. 내가 들어간 순간은 이미 늦은 순간이었고, 차트는 곧바로 고개를 숙였다. 그리고 남겨진 건 손실뿐이었다.

그 경험을 반복하며 나는 배웠다. 내가 이해하지 못하는 것에 돈을 맡기는 건, 눈을 감고 낯선 사람에게 지갑을 내미는 것과 같다. 그래서 나는 원칙을 세웠다. 설명할 수 없는 곳에는 단 1원도 넣지 않는다.

그 후로는 매수 전에 반드시 스스로에게 물었다.
"나는 이 기업이 무슨 일을 하는지 설명할 수 있는가?"
"이 코인의 구조와 리스크를 이해하고 있는가?"

만약 대답할 수 없다면, 아무리 유망해 보여도 과감히 포기했다. 그 과정에서 때로는 남들이 부자가 되는 듯한 장면을 지켜봐야 했다. 그러나 시간이 흐를수록 확신이 섰다. 이해하지 못한 자산을 사는 것은 언제나 후회를 낳았다는 사실을.

셋째, 단기 변동성에 흔들리지 않고 장기적 시각을 견지한다.

시장은 늘 요동쳤다. 빨간 봉이 길게 뻗으면 가슴이 두근거렸고, 파란 봉이 길게 늘어지면 숨이 막혔다.

그래서 나는 새로운 훈련을 시작했다. 차트를 덮는 훈련이었다. 일정 시간은 아예 차트를 보지 않기로 했다. 아침에 눈을 뜨자마자 휴대폰으로 시세를 확인하던 습관을 끊어내자, 마음이 조금씩 차분해졌다.

또한, 기록하는 습관을 들였다. 매수와 매도의 이유, 당시의 감정, 그리고 결과를 적었다. 하루하루의 숫자는 소음에 불과했지만, 기록이 쌓이자 그 안에서 흐름이 보였다. "이때는 탐욕 때문에 뛰어들었구나.", "이 순간은 공포 때문에 던졌구나." 결국 차트보다 더 중요한 건 내 마음의 패턴이었다.

장기적 시각을 견지한다는 건 단순히 오래 버틴다는 의미가 아니었다. 소음 속에서도 본질을 보는 힘이었다. 단기적 변동은 피할 수 없지만, 그것에 휘둘리지 않는 태도. 이것이야말로 내가 세 번째로 세운 원칙이었다.

이 원칙들은 단순히 투자에서만 작동하지 않았다. 어느 순간부터 내 삶 전반을 지탱하는 기준이 되었다.

아내와 갈등이 생겼을 때, 나는 과거처럼 감정적으로 반응하지 않았다. "지금 당장의 불편함에 흔들리지 말자. 장기적으로 우리 가정을 위해 어떤 선택이 옳은가?" 원칙을 삶에 적용하자 대화가 차분해졌다.

직장에서 압박을 받을 때도 마찬가지였다. "모르는 분야에 함부로 끼어들지 않는다. 내가 이해한 일에만 집중한다." 이 원칙은 내 업무 태도를 바꾸었다. 괜히 아는 척하다가 실수하는 대신, 모를 땐 솔직하게 인정하고 배우려 했다. 그 결과 동료들과의 신뢰가 더 깊어졌다.

나는 깨달았다. 투자 원칙은 결국 삶의 원칙이었다. 욕심을 다스리고, 두려움 속에서도 버티며, 남들과 비교하지 않는 것. 그것은 시장에서뿐 아니라 인간관계와 일상의 선택에서도 나를 단단하게 붙잡아 주었다.

무너짐 속에서 발견한 기회와 다짐

2022년 말, 시장은 그야말로 암흑 같았다.

비트코인은 1만 5,000달러 근처에서 긴 횡보를 이어가고 있었다. 대부분의 사람들은 "이제 끝났다."고 했다. 언론은 '암호화폐 시장 붕괴'라는 자극적인 제목을 쏟아냈고, 커뮤니티에는 절망과 조롱이 뒤섞여 있었다. 6만 9,000달러의 고점에서 80% 가까이 하락한 상황에서, 비트코인을 '망한 자산'이라 말하는 것은 어쩌면 당연한 일이었다.

그러나 나는 다르게 보았다. 오히려 그 공포의 순간에서 기회를 느꼈다. 매일 기록한 노트, 연준의 정책과 시장의 사이클을 복기하며 얻은 교훈, 그리고 과거의 실패에서 깨달은 '버팀의 힘'이 내 안에서 속삭였다.

"혼돈이 깊어질수록, 기회는 가까워진다."

나는 현금화할 수 있는 건 모두 했다. 묵혀 두었던 적금과 공무원 공제회, 불필요한 보험까지 하나씩 정리하며 마련한 돈이었다. 그것은 단순한 투자금이 아니었다. 내 일상의 안전망을 끊어내며 어렵게 만들어 낸, 말 그대로 피 같은 돈이었다.

손끝은 떨렸지만, 그 두려움 속에서 오히려 확신은 더 선명해졌다. 그것은 단순히 돈을 벌기 위한 선택이 아니었다. 나 자신에게, 그리고 가족에게 하는 약속이었다.
나는 준비해 두었던 시드의 30%를 과감히 집행했다.

그날의 매수는 내 인생에서 중요한 이정표였다.

투자가 단순한 기술이 아니라, 태도를 세우고 지켜 내는 과정이라는 것을 처음으로 실감했기 때문이다.

기록이 쌓이고, 시간을 견뎌 내고, 원칙이 반복되며 복리처럼 나를 단단하게 만든다는 것. 진짜 부와 자유는 남의 말이나 단기적 유행이 아니라, 스스로 세운 원칙을 끝까지 지킨 사람에게만 찾아온다는 것.

그래서 나는 이 책을 읽는 당신에게도 말하고 싶다.
원칙은 책 속 문장을 베껴 적는다고 세워지는 것이 아니다. 그것은 무너짐 속에서, 실패 속에서, 그리고 다시 일어서려는 다짐 속에서 조금씩 다듬어지는 것이다. 나 역시 그렇게 만들었고, 지금도 지키려 애쓰고 있다.

그러나 대부분의 사람들은 투자를 '한 방'의 승부로만 바라본다. 단숨에 인생이 바뀌기를 꿈꾸면서, 작은 돈을 차곡차곡 쌓아 가는 습관의 힘은 대수롭지 않게 여긴다. 하지만 투자는 하루에 모든 것을 거는 한 방이 아니라, 긴 호흡의 싸움이다.

결국 살아남는 사람은 언제나 원칙을 지켜 내며, 작은 습관을 묵묵히 이어 간 사람이다.

| 내 분할매수의 원칙과 교훈

바닥을 맞추려는 어리석음에서 벗어나다

처음 시장에 발을 들였을 때, 나는 늘 '최저점'을 잡고 싶어 했다. 남들보다 먼저, 그리고 가장 싸게 사서, 가장 비쌀 때 팔아 치우는, 마치 교과서에 나올 법한 이상적인 그림을 꿈꿨다. 머릿속에서는 늘 완벽한 시나리오가 그려졌다. 이 구간에서 사서, 저 꼭짓점에서 팔면 단숨에 몇 배의 수익. 그리고 계좌 속에는 빨갛게 물든 숫자들.

하지만 현실은 정반대였다. 내가 '바닥'이라 여긴 순간은 늘 더 깊은 바닥으로 이어졌고, '이제 올라타야 한다.'며 서둘러 들어간 자리는 대개 추락의 초입이었다. 결국 남들이 환호할 때 따라 뛰어들었고, 남들이 던질 때 함께 던졌다. 그러니 결과는 뻔했다.

지금도 잊히지 않는 장면이 있다.
2021년 말, 모든 뉴스와 유튜브가 "이제는 진짜 새로운 시대다."라며 비트코인의 10만 달러 시대를 예언하던 때였다. 나도 그 분위기에 휩쓸렸다. 계좌에 있던 돈을 거의 몰아넣었다. 그때는 내가 늦었다는 불안감이 가장 컸다. '지금 안 들어가면 다시는 이런 기회가 없을 거야.'라는 조급함이 손가락을 움직였다.

그러나 결과는 참혹했다. 얼마 지나지 않아 시장은 고꾸라졌다. 빨갛게 타오르던 계좌는 순식간에 파란색으로 뒤덮였고, 나는 불안에 못 이겨 바닥에서 던졌다. 그날 새벽 2시, 휴대폰 화면을 붙잡고 손절 버튼을 누르던 내 모습은 지금 생각해도 초라하다.

그때 나는 처절하게 배웠다.
"시장은 예측할 수 없다."

아무리 뉴스를 읽고, 경제 지표를 분석하고, 전문가들의 말에 귀를 기울여도 '정확히' 바닥을 맞추는 건 불가능에 가까웠다. 그런데도 나는 그 사실을 인정하지 못했다. 늘 이렇게 생각했다.

'이번만은 다를 거야.'
'지금이 진짜 바닥이야. 반등은 코앞이야.'

그 믿음은 결국 무리한 매매와 불필요한 손실로 이어졌다. 계좌는 갉아먹혔고, 마음은 지쳐갔다. 그제야 서서히 깨달았다. 바닥을 맞추려는 집착은 결국 나를 무너뜨린다는 것을.

그리고 받아들였다.

"나는 시장을 통제할 수 없다."
이 단순하지만 뼈아픈 진실을 받아들이자, 마음이 한결 가벼워졌다.

나는 원칙을 다시 세웠다.
"가격은 맞출 수 없다. 하지만 흐름은 읽을 수 있다."

단기적인 움직임은 알 수 없어도, 장기적인 흐름과 인간 심리가 만들어내는 싸이클은 반복된다는 것을 깨달았다. 그것이 바로 내가 찾은 첫 번째 전환점이었다.

하락장에서 실행한 작은 습관, 분할매수
나는 시장의 큰 싸이클을 기준으로 방향성을 판단하기 시작했다. 그때부터 4년간의 비트코인 분할매수가 이어졌다.

첫째, 비트코인의 반감기 주기를 기준으로 장기적 흐름을 본다. 공급량이 줄어드는 구조가 만들어 내는 사이클은 역사적으로 반복되었다. 또한 비트코인 도미넌스의 움직임, 알트코인 자금 흐름, 최고점 이후 다시 상승하기까지 걸린 기간 등을 세밀하게 관찰했다.

둘째, 인간의 탐욕과 공포 지표를 관찰한다. 모두가 "망했다."고 절망할 때가 기회였고, 모두가 "이제 누구나 부자 된다."고 환호할 때가 위험이었다.

셋째, 정확한 바닥을 맞추려 하지 않는다. 대신 하락이 깊어질수록 분할매수를 이어 간다.

위에서 잠시 언급했듯이, 2022년 말 세계 2위 거래소 FTX가 파산했을 당시 비트코인은 이미 6만 9,000달러의 고점에서 약 80%나 추락한 뒤, 1만 5,000달러 부근에서 한 달 가까이 힘없이 횡보하고 있었다. 시장은 최악의 공포에 짓눌려 있었고, 사람들은 "이제 암호화폐는 끝났다."고 단언했다.

그러나 나는 그 절망의 순간을 기회라 믿었고, 과감히 매수에 나섰다. 그 한 번의 선택은 내 투자 인생에서 분명한 분기점이 되었다. 그때의 심정과 결정의 의미를 나는 이후 Part 4에서 다시 한 번 자세히 설명하려 한다.

그리고 남은 자금은 한 번에 쓰지 않았다.

매달 월급에서 일정 금액을 떼어 내고, 주간 단위로 나누어 조금씩 사들였다. 오르든 내리든 상관없이 꾸준히 시장에 들어갔다. 때로는 손끝이 떨리고, 마음 한구석에서는 "혹시 더 무너지는 건 아닐까?"라는 불안이 올라왔다. 하지만 나는 스스로에게 말했다.

"아무것도 하지 않으면 아무 일도 일어나지 않는다."
작은 시도라도 해야 작은 변화가 생기고, 그 변화들이 쌓여야 큰 차이가 만들어진다.

놀라운 건, 이 단순한 습관이 내 마음을 바꾸었다는 점이다.
예전처럼 차트가 출렁일 때마다 흔들리지 않았다. 떨어지면 "더 살 기회가 생겼구나."라고 생각했고, 오르면 "내 원칙이 통하고 있구나."라며 안도했다. 숫자가 아니라, 나의 행동과 원칙이 중심이 되는 경험이었다.

작은 습관이 남긴 교훈, 그리고 2023년의 의미
2023년의 시장은 여전히 불확실했다. 급등락이 이어졌고, 전문가들의 전망은 제각각 갈라졌다. 그러나 나는 예전처럼 흔들리지 않았다. 분할매수라는 작은 습관이 내 안에서 단단한 뿌리가 되어 주었기 때문이다.

그 습관은 단순히 돈을 모으는 방법이 아니었다. 내 마음을 지키는 방법이었다.

매달 일정한 금액을 꾸준히 넣으며 나는 스스로에게 메시지를 보냈다.

"나는 조급해하지 않는다. 나는 원칙을 지킨다. 나는 결국 살아남는다."

그리고 그 반복 속에서 배운 교훈은 명확했다.

첫째, 투자는 타이밍의 게임이 아니라 시간과 습관의 게임이라는 것.

둘째, 공포 속에서도 원칙을 실행하는 사람이 결국 보상을 얻는다는 것.

셋째, 가족을 지키고 삶을 지탱하는 힘은 단순한 큰 수익이 아니라, 묵묵히 이어 가는 꾸준함에서 나온다는 것.

이 세 가지 교훈을 붙잡고 나니, 나는 더 이상 예전처럼 불안과 탐욕에 흔들리며 무너지는 사람이 아니었다. 계좌 속 숫자가 아니라, 내 안의 태도가 달라져 있었기 때문이다.

2023년의 교훈은 단순했지만 강렬했다.

"작은 습관이 큰 흐름을 바꾼다."

분할매수라는 원칙은 단순한 투자 기법을 넘어 내 삶을 다잡는 기둥이 되었고, 끝내 나를 흔들림 없이 지켜주는 방패가 되었다.

- 4장을 마치며 -

원칙은 결과가 아니라 과정의 통찰

나는 오랫동안 원칙을 '정답'이라고 생각했다. 성공한 투자자들이 말하는 규칙, 책에서 본 멋진 문장, 강의에서 들었던 조언들이 곧 원칙이라 여겼다. 그래서 그 원칙을 따라 하면 자연스럽게 좋은 결과가 나올 거라고 믿었다. 그러나 실제로 시장 안에서 부딪히고 넘어져 보니, 원칙은 그렇게 외워서 되는 것이 아니었다.

2022년, 시장이 무너질 때 나는 그 사실을 뼈저리게 깨달았다. 돌아보니 답은 명확했다. 나는 내 원칙을 갖고 있지 않았다. 언제 사고 언제 팔지, 어떤 상황에서 멈추고 어떤 상황에서 버틸지를 정해 둔 기준이 없었다. 그러니 시장의 변동성이 조금만 커져도 나는 감정에 끌려 다녔다. 유튜브의 자극적인 멘트에 흔들리고, 커뮤니티 글 몇 줄에도 불안해졌다. 내 선택이라기보다 남의 말이 내 계좌를 대신 움직이고 있었다.

그때 처음으로 원칙의 의미를 다르게 보기 시작했다. 원칙은 남이 알려 주는 정답이 아니었다. 화려한 수익을 보장해 주는 비밀 도구도 아니었다. 원칙은 흔들린 나를 다시 제자리로 돌려놓는 최소한의 기준이었다. 실패하지 않는 법을 알려 주는 게 아니라, 실패했을 때 무너지지 않게 해 주는 안전장치였다.

이 깨달음은 단순히 투자에서만 멈추지 않았다. 내 삶 전반으로 번져 갔다. 직장에서 실수를 했을 때, 가족과 갈등이 생겼을 때도 마찬가지였다. 그 순간 감정대로 행동하면 상황은 더 나빠졌다. 그러나 원칙을 붙잡으면 비록 당장은 힘들어도 다시 균형을 찾을 수 있었다. 투자와 삶이 다르지 않다는 걸 처음으로 실감했다.

그리고 무엇보다 중요한 통찰이 있었다. 원칙은 결과가 아니라 과정이라는 사실이다. 원칙을 세웠다고 해서 바로 수익이 나는 것은 아니다. 여전히 손실은 찾아오고, 불안은 사라지지 않는다. 그러나 원칙이 없을 때의 손실은 나를 무너뜨렸지만, 원칙이 있을 때의 손실은 나를 단단하게 만들었다. 원칙을 지키는 과정 속에서 나는 실패조차 배움으로 바꿀 수 있었다.

돌이켜보면, 나는 원칙을 통해 숫자를 이기려던 사람이 아니라, 나 자신을 다스리는 사람이 되어 갔다. 시장은 내가 통제할 수 없었다. 그러나 원칙을 통해 내 행동만큼은 통제할 수 있었다. 그것이 결국 투자의 본질이었다.

이제 나는 원칙을 삶의 또 다른 언어로 받아들이게 되었다. 원칙은 더 이상 투자 노트에만 적힌 문구가 아니다. 가족을 대할 때, 일을 할 때, 미래를 준비할 때도 원칙은 내 중심을 잡아 주는 기준이 되었다.

4장을 지나며 나는 확신하게 되었다. 원칙은 '성공을 위한 비밀'이 아니라, '실패 속에서도 나를 지켜 주는 최소한의 질서'라는 것을. 시장은 언제든 흔들리지만, 내가 무너지지 않는다면 기회는 다시 찾아온다. 그때 다시 일어설 수 있게 해 주는 힘, 그것이 바로 원칙이었다.

5장

작은 성공에서 배운 것

| 투자 동지와의 만남

혼자 걷던 길에서 얻은 새로운 거울

나는 오랫동안 홀로 걸었다.

투자라는 길은 본질적으로 외로운 길이다. 계좌의 숫자는 남들과 나눌 수 없고, 실패와 좌절은 누구도 대신 짊어져 줄 수 없다. 주변 사람들에게 "나 요즘 손실이 크다."라고 말할 수도 없었다. 이해받지 못할 두려움 때문이었고, 스스로 부끄럽기도 했다. 그래서 나는 늘 혼자였다.

그렇게 감정의 파도가 오르내릴 때, 그 이야기를 나눌 사람은 없었다. 아내에게는 차마 다 털어놓지 못했다. 괜히 걱정만 끼칠 것 같았고, "왜 그런 위험한 걸 하냐."는 말이 돌아올까 두려웠다. 결국 나는 침묵 속에서 혼자서만 고민하고 흔들렸다.

그러던 어느 날, 뜻밖의 인연이 내 앞에 나타났다. 나보다 몇 년 먼저 시장에 들어와 있던 한 형님이었다. 그는 2018년부터 암호화폐 시장을 경험해 온 사람이었다. 여러 차례의 상승과 폭락을 몸으로 견디며 살아남은 흔적이 그의 말과 태도에 묻어 있었다. 나는 그의 눈빛에서 묘한 차분함을 느꼈다. 불안과 공포를 이미 지나온 사람만이 가질 수 있는 눈빛이었다.

처음에는 그저 가벼운 대화였다. "요즘 시장은 어떠냐?", "비트코인은 어디쯤 와 있는 것 같냐?" 그러나 대화가 길어질수록 나는 그의 말이 단순한 전망이 아니라, 경험에서 우러난 무게를 지니고 있음을 알게 되었다. 그는 가격을 맞추려 하지 않았다. 대신 시장을 대하는 태도, 심리를 다루는 방법, 그리고 실패를 대하는 자세를 이야기했다.

그리고 결정적인 순간이 찾아왔다.
어느 날 그는 내게 말했다.
"나는 비트코인 2,500만 원 선에서 매수를 끝마쳤다."

나는 깜짝 놀라 되물었다.
"형님, 너무 성급한 거 아니에요? 지금 분위기라면 더 빠질 거라는 얘기가 많잖아요. 2,000만 원도 무너진다던데…."

그때 형님의 대답은 내 투자 인생의 큰 전환점이 되었다.

"투자는 말이다, 바닥을 맞추는 게 아니야. 바닥을 맞추려다 보면 기회를 놓친다. 이 정도면 충분히 싸다. 게다가 주변을 봐라. 욕이 난무하지 않냐? 망했다는 말이 터져 나오지 않냐? 그럴 때가 바로 사는 시점이야."

그 말은 내 가슴을 울렸다. 나는 늘 '완벽한 타이밍'을 기다리려 했다. 단 한 푼이라도 더 싸게 사고 싶어 머뭇거리다 결국 기회를 놓치곤 했다. 준비만 하다가 시장은 이미 움직여 버렸고, 나는 늘 뒤쫓기만 했다. 그러나 시장은 내 계획표에 맞춰 움직여 주지 않았다. 형님의 태도는 달랐다. 그는 가격의 점 하나가 아니라 시장의 흐름 전체를 보고 있었다. 공포와 욕설이 터져 나오는 그 순간, 그는 매수 버튼을 눌렀다.

며칠 후 실제로 비트코인은 조금 더 빠졌다. 나는 속으로 "역시 내가 맞았나?"라는 생각을 했다. 하지만 형님의 얼굴은 여전히 여유로웠다. 초조해하지도, 불안해하지도 않았다. 오히려 "이 정도 조정은 당연한 거야."라는 듯 담담했다. 그리고 일주일 뒤, 비트코인은 반등하기 시작했다. 시장은 다시 꿈틀거리며 상승세를 보였다.

그때 나는 깨달았다.

투자는 가격을 맞추는 싸움이 아니라, 태도를 지키는 싸움이라는 것을.

아무리 분석하고, 자료를 찾아보고, 시뮬레이션을 해봐도 매수 버튼을 실제로 누르는 순간의 긴장감과 심리적 압박은 책상 앞에서 결코 경험할 수 없다. 실패가 두렵다고 시장 밖에만 머문다면, 투자자는 단 한 발짝도 앞으로 나아갈 수 없다.

형님은 단순히 투자 동지가 아니라, 시장을 대하는 거울이었다.

알트코인에서 비트코인으로 — 쓰라린 실패가 남긴 결심

형님과의 대화는 나의 과거를 떠올리게 했다.

처음 시장에 뛰어들었을 때, 나는 알트코인에 몰두했다. 이름이 예쁘거나, 커뮤니티에서 "이건 무조건 10배 간다."고 떠드는 코인에 혹했다. 분석도 없고, 공부도 없었다. 그저 "남들이 오른다고 하니 오를 거야."라는 막연한 확신뿐이었다.

결과는 뻔했다. 내 계좌는 백화점식으로 코인이 가득했지만, 남은 건 파란 손실뿐이었다. 어떤 코인은 하루아침에 거래소에서 상장폐지되었고, 어떤 코인은 반 토막이 난 채 끝내 회복하지 못했다. 숫자가 줄어든 것만이 아니었다. 내 자존심, 내 자신감, 그리고 투자자로서의 자격감까지 함께 무너졌다.

그 쓰라린 실패 위에서 나는 결심했다.
"다시는 알트코인에 내 인생을 걸지 않겠다. 오직 비트코인만 매수한다."

비트코인은 단순히 가장 오래된 코인이 아니었다. 발행량이 2,100만 개로 제한되어 있었고, 탈중앙화 구조 덕분에 어느 한 나라나 기관도 쉽게 흔들 수 없었다. 무엇보다 지난 10여 년간 수많은 위기 속에서도 끝내 살아남았다. 2017년 광풍과 폭락, 2020년 코로나 패닉셀, 2022년 대하락장…. 수많은 알트코인이 사라졌지만, 비트코인은 여전히 시장의 중심에 있었다.

그 사실이 내 결심을 단단하게 만들었다. 나는 빠른 수익이 아니라 끝내 살아남을 자산에 집중하기로 했다. 그 결심은 단순한 전략이 아니라, 나의 원칙이 되었다.

분할매수, 기다림, 그리고 흔들리지 않는 태도.
그 원칙은 비트코인이라는 자산을 통해 더욱 명확해졌다.

가족을 위한 다짐 — 투자라는 더 깊은 싸움

  형님과의 만남, 그리고 과거의 실패를 곱씹으며 나는 또 하나의 사실을 깨달았다.

투자는 결국 혼자가 아니라는 것. 내가 선택한 방향과 태도는 곧 가족의 삶과 직결된다는 것이었다.

와이프와 어린 아들.
그들은 내가 어떤 결정을 내리느냐에 따라 미래가 달라질 사람들이었다. 단순히 계좌의 숫자가 아니라, 우리의 집, 우리의 시간, 우리의 웃음이 그 선택에 달려 있었다.

그래서 나는 다짐했다.
"흔들리지 않는 투자자가 되자. 단순히 돈을 불리는 것이 아니라, 가족의 삶을 지켜내는 투자자가 되자."

그 다짐은 나를 단단하게 붙잡아 주었다.
시장 상황이 요동쳐도, 뉴스가 불안을 자극해도, 나는 원칙을 떠올리며 마음을 다잡았다. 가격의 바닥은 맞출 수 없지만, 방향은 읽을 수 있었다. 반감기와 사이클, 인간 심리에 기반한 큰 흐름은 예측 가능했다. 그 흐름 속에서 나는 분할매수하고, 기다리며, 버틸 수 있었다.

투자는 겉으로는 돈의 싸움 같지만, 실상은 태도의 싸움이었다. 그리고 그 태도는 내 가족을 위한 싸움이었다.

나는 언젠가 자유와 부를 손에 쥐고, 사랑하는 가족과 함께 웃고 싶다. 그 꿈은 단순히 물질적 풍요만이 아니라, 내가 끝내 버텨 낸 삶의 증거가 될 것이다.

그래서 나는 안다.
투자는 단순히 돈을 불리는 싸움이 아니다.
나와 가족의 삶을 지켜 내기 위한, 더 깊고 치열한 싸움이다.

| 내 안의 적, 조급함의 실수

원칙을 세우다 ― 실패에서 태어난 나만의 기준
비트코인은 조금씩 상승 계단을 밟고 있었다.
나는 더 이상 과거의 어리석음을 반복하지 않겠다고 다짐했다. 그래서 스스로 나만의 원칙을 만들었다.

첫째, 빨간불일 때는 절대 사지 않는다.
가격이 오르며 모두가 환호할 때 따라 붙는 것은 결국 불구덩이에 달려드는 나방과 같았다. 불빛은 눈부셨지만, 기다림 끝에 남은 건 타 버린 날개뿐이었다. 나는 이미 그 고통을 경험했다. 남들처럼 들뜬 분위기에 휩쓸려 매수했다가 곧장 하락을 맞이했고, 잃어버린 건 돈만이 아니라 자존심까지였다.

둘째, 파란불이고 조정이 크게 올 때만 부분 매수한다.

공포 속에서 매수 버튼을 누르는 일은 늘 손끝이 떨릴 만큼 두려웠다. 그러나 그때야말로 가장 합리적인 선택이었다. 오히려 나는 종종 '물리면서 산다.'는 것이 마음이 편했다. 빨간불 속에서 들떠 들어갔다가 물리는 것보다, 두려움 속에서 파란불에 매수해 잠시 물려 있는 편이 훨씬 나았다. 그 물림은 손실이 아니라, 내가 원칙을 지키고 있다는 증거였다.

이 단순한 두 가지 규칙에는 지난날의 쓰라린 경험이 고스란히 녹아 있었다. 처음 시장에 들어왔을 때 나는 무지했고, 오직 빨간불과 거래량만 보고 매수 버튼을 눌렀다. 뉴스에서는 "지금 안 사면 기회를 놓친다."는 말이 쏟아졌고, 유튜브는 "10배 간다."는 전망으로 넘쳐났다. 그 열풍 속에서 나는 이미 부자가 된 듯 착각했지만, 하락장이 닥치자 계좌는 순식간에 파란색으로 뒤덮였다.

그 경험은 나를 무너뜨렸지만 동시에 울타리를 세워 주었다. 원칙은 그 울타리였다. 하지만 원칙이 있다고 해서 늘 흔들림 없이 지켜지는 것은 아니었다. 사람의 마음은 늘 요동쳤고, 시장은 언제나 그 마음을 시험했다. 결국 나는 다시 원칙을 무너뜨리는 또 다른 함정에 빠졌다.

남과의 비교 — 조급함이라는 내 안의 적

나를 흔든 건 시장이 아니라, 비교였다.

내 곁에는 투자 동지가 있었다. 나보다 먼저 시장에 들어온 형님. 그는 이미 수차례 하락과 상승을 겪으며 단단해진 사람이었다. 그의 평단가는 2,500만 원이었다. 반면 나의 평단은 3,200만 원.

이 작은 숫자의 차이가 내 마음을 크게 흔들었다.
"나도 형님처럼 2,500만 원에 잡았더라면 지금 이렇게 불안하지 않았을 텐데…."
"왜 나는 늘 한 발 늦을까?"

평단의 차이는 단순한 숫자였지만, 내게는 실력의 차이처럼 느껴졌다. 그때부터 나는 조급해졌다. 스스로를 괴롭히며 불필요한 계산을 반복했고, 마치 평단이라는 숫자가 나의 성적표라도 되는 양 집착했다.

결국 나는 어리석은 결정을 내렸다.
"떨어질 거야. 밑에서 다시 잡자."
스스로를 합리화하며 보유하던 물량을 전량 매도했다.

나는 손끝이 떨렸지만 마음 한구석은 속삭였다.
"곧 3,000만 원 아래로 내려갈 거야. 그때 다시 잡으면 형님처럼 여유롭게 웃을 수 있겠지."

그러나 시장은 내 바람을 외면했다. 가격은 오히려 치솟았고, 어느새 3,400만 원까지 올라 버렸다. 그 순간의 허탈감은 이루 말할 수 없었다. 마치 내가 가진 모든 것이 조롱당하는 기분이었다.

결국 후회 끝에 다시 시장에 들어갔지만, 그때는 이미 늦었다. 3,400만 원이라는 더 높은 가격에서 겨우 시드의 10%만 담았다. 원래도 전부를 가진 것은 아니었지만, 불필요한 매도로 물량이 더 줄어든 채 다시 시장에 들어간 것이다. 결과적으로는 평단만 올라갔고, 계좌 상황은 오히려 더 불리해졌다.

그 허탈함은 이루 말할 수 없었다. 차라리 가만히 있었더라면 괜찮았을 것을, 괜히 남과 비교하며 조급하게 움직였던 내 선택이 결국 계좌를 더 어렵게 만들고 말았다.

그리고 몇 주 후, 예상 밖에도 비트코인은 다시 조정을 거쳐 내려왔다. 내가 원래 보유하고 있던 평단 근처인 3,200만 원이었다. 그 순간 머리를 한 대 맞은 듯 정신이 번쩍 들었다.

"괜히 남과 비교하지 않았더라면, 괜히 조급하게 매도하지 않았더라면…."

이 단순한 깨달음이 가슴 깊이 파고들었다.

그제야 확실히 알게 되었다.

시장의 변동이 나를 무너뜨린 게 아니었다. 내 안의 조급함이 진짜 적이었다.

깨달음과 새로운 다짐 — 원칙은 남이 아니라 나를 위한 것

이 사건을 통해 나는 중요한 교훈을 얻었다.

남과의 비교는 아무 의미가 없다는 것. 평단이 2,500만 원이든, 3,200만 원이든, 4,000만 원이든 장기 흐름 안에서는 결국 비슷한 지점일 뿐이었다. 중요한 것은 출발선이 아니라, 끝까지 살아남아 도착선에 서 있는지, 그것만이 중요했다.

나는 다시 다짐했다.

"남의 평단을 부러워하지 않는다. 나의 원칙을 지킨다."

그리고 그 다짐은 곧 새로운 원칙으로 이어졌다. 나는 메모장에 굵은 글씨로 이렇게 적어 두었다.

"블랙록 비트코인 현물 ETF 승인 기사가 뜨는 날에는 가격에 상관없이 풀매수한다."
"그 전까지는 무조건 분할매수만 한다. 평단이 높아져도 상관없다."

이제는 정확한 바닥을 맞추려는 욕심을 버리고, 흐름 속에서 천천히 내 자리를 잡아가기로 했다.

조급함은 내 안의 큰 적이었다. 그 적을 이기지 못하면 어떤 원칙도 소용없었다.
그러나 조급함을 다스릴 수 있다면, 시장의 거센 파도 속에서도 흔들리지 않을 수 있었다.

그날의 실수는 내게 값진 깨달음을 남겼다.
투자는 남과의 비교에서 이기는 싸움이 아니라, 끝내 내 안의 적을 다스리는 싸움이라는 것.

| 시장은 언제나 우리를 시험한다

역사적 순간이라 믿었던 밤 ― 환희와 공포의 롤러코스터

2023년 10월 16일 밤 10시경.

그날은 유난히 손에서 휴대폰을 놓을 수가 없었다. 평소라면 일정 시간이 지나면 억지로라도 화면을 꺼 버렸을 텐데, 그날은 달랐다. 손바닥 위 작은 화면 속 차트가 오르락내리락하는 것을 몇 시간째 쫓고 있었다.

파란 불빛은 점점 눈을 시리게 했고, 작은 숫자 하나하나가 내 가슴을 조여 왔다. 스크롤을 내릴 때마다 불안과 기대가 교차했다. 눈은 피로에 젖어 갔지만, 시선을 거둘 수 없었다. 마치 지금 이 순간이 지나가면 다시는 잡을 수 없는 기회를 놓칠 것 같은 기묘한 압박감이 나를 붙잡고 있었다.

그리고 순간, 내 눈을 사로잡는 속보가 떴다.
"블랙록 아이쉐어스(i-Shares) 비트코인 현물 ETF 승인!"

숨이 멎는 줄 알았다. 그동안 수많은 투자자들이 "ETF 승인만 된다면 비트코인의 시대가 열린다."고 외쳤고, 나 역시 그 순간을 기다려왔다. ETF 승인이라니. 그것은 단순한 뉴스가 아니었다. 수많은 투자자들이 기다려 온, 마치 시대의 전환점 같은 순간이었다.

나 역시 오래 전부터 스스로 다짐해 온 말이 있었다.

"블랙록 ETF가 승인되면, 가격이 얼마든 상관없이 풀매수한다."

주저할 이유가 없었다. 지정가 매수를 걸어 두려 했지만, 차트는 폭발적인 거래량으로 불타오르고 있었다. 체결이 늦어지는 사이 비트코인은 순식간에 몇백만 원을 치고 올랐다. 망설임은 사치였다. 나는 결국 시장가 매수 버튼을 눌렀다.

휴대폰 속 장대양봉은 마치 내 결단을 축하하는 폭죽 같았다. 마침내 내 손으로 역사의 순간을 붙잡았다는 환희가 온몸을 덮쳤다.

그러나 불과 30분 뒤, 믿기 힘든 소식이 들려왔다. 그 기사가 '오보'라는 속보가 퍼진 것이다. 승인은 없었다. 환희로 들썩이던 시장은 순식간에 무너졌고, 차트는 그대로 거대한 음봉으로 뒤집혔다. 매도 물량이 쏟아져 나오면서 가격은 가파르게 떨어졌다. 순간, 내 마음도 요동쳤다.

블랙록이란 무엇인가?

여기서 잠시, 뉴스의 무게를 제대로 이해하기 위해 블랙록(BlackRock)이라는 이름을 짚고 넘어갈 필요가 있다.

블랙록은 세계 최대 자산운용사다. 2024년 기준 운용 자산 (AUM)은 약 10조 달러(한화 약 1경 원)에 달한다. 전 세계 연금, 주식, 채권, 부동산 등 사실상 모든 금융시장에 투자하고 있으며, 주요 국가의 연기금과 기관 투자자들이 블랙록의 운용 상품과 리스크 관리 플랫폼을 활용하고 있다.

그들의 대표 ETF 브랜드가 바로 아이쉐어스(i-Shares)다. 아이쉐어스는 글로벌 ETF 시장을 선도하며, 개인 투자자부터 기관 투자자까지 폭넓게 신뢰받는 브랜드로 자리 잡았다.

따라서 "블랙록 아이쉐어스 비트코인 현물 ETF 승인"이라는 뉴스는 단순한 기사 한 줄이 아니었다. 그것은 비트코인이 더 이상 변방의 투기적 자산이 아니라, 제도권 금융의 중심 무대에 정식으로 편입되는 역사적 신호였다. 이 장면은 암호화폐 시장을 지켜온 투자자들에게는 오랜 기다림 끝에 다가온 전환점이었고, 전 세계 투자자들이 환호할 수밖에 없었던 이유가 여기에 있었다.

원칙의 시험대 — 나 자신과의 싸움에서 이기다

불안한 마음에 커뮤니티를 들어가 봤다. 불과 30분 전까지만 해도 분위기는 환호로 가득 차 있었다.

"드디어 시대가 열렸다."

"ETF 승인, 이제 시작이다. 이건 역사다."

사람들은 서로를 축하하며, 이 시장의 끝없는 미래를 이야기하고 있었다. 나 역시 화면을 보는 내내 가슴이 뛰었다. 그런데 갑자기 상황이 반전되었다. 오보기사라는 사실이 전해지자 댓글창은 순식간에 차갑게 식어 버렸다.

"이럴 줄 알았다. 역시 희망고문일 뿐이다."
"ETF 승인은 아직 멀었다. 다 작전 아니냐?"
"이제 다시는 안 속는다. 이딴 코인판은 끝났다."
"지금은 무조건 숏을 잡아야 한다."

불과 몇 분 전만 해도 환희로 가득하던 공간이 이제는 조롱과 절망으로 가득 찼다. 손가락으로 스크롤을 내릴 때마다 쏟아지는 비관적인 글들, 분노 섞인 외침이 내 가슴을 더 무겁게 눌렀다. 숫자가 하락하는 공포도 컸지만, 수많은 사람들이 동시에 내뱉는 절망은 그보다 더 크게 다가왔다.

그러나 묘하게도, 나는 그 순간 거꾸로 생각하게 되었다.
"이 정도로 모두가 비관적인 목소리만 내고 있다면, 어쩌면 지금이 바로 바닥일지도 모른다."

과거에도 비슷한 경험이 있었다. 모두가 "망했다."고 외칠 때 시장은 바닥을 다져갔고, 반대로 모두가 "이제 무조건 오른다."고 외칠 때는 이미 꼭지였던 경우가 많았다. 사람들의 집단적 감정은 늘 극단으로 치달았고, 그 감정이 극에 달할 때 시장은 되돌아오기 시작했다.

그때 나는 FTX 거래소 파산 직후 비트코인을 매수했던 순간을 떠올렸다. 그 결정 역시 쉽지 않았다. 수많은 부정적인 말들 속에서 홀로 다른 생각을 품는다는 건 버겁고 외로운 일이었다. 하지만 나는 내 원칙을 붙잡았다. 시장의 소음에 흔들리기보다, 내가 세운 기준에 따라 행동하는 것. 그 원칙이 있었기에, 나는 끝내 매도 버튼 대신 기다림을 선택할 수 있었다.

처음 오보 기사가 터졌을 때, 내 입에서는 온갖 욕설이 터져 나왔다. 허탈한 마음으로 밤하늘의 별빛을 바라보니, 마치 "쯧쯧, 다시 팔고 기회 될 때 잡아 봐."라고 나를 비웃는 듯했다.

하지만 나는 선택했다. 매도하지 않고, 원칙을 지킨 채 기다리기로. 이 결정 또한 내가 감당해야만 하는 몫이었다.

물론 마음은 천 번도 더 흔들렸다. 그러나 그럴 때마다 나는 과거의 실패를 떠올렸다. 남과 비교하다가 평단을 낮추겠다고 욕심내다, 오히려 기회를 놓쳤던 그 쓰라린 순간들. 그 기억이 나를 붙잡아 주었고, 이번만큼은 흔들리지 않겠다고 다짐하게 했다.

"그래, 그냥 가자. 기다리자."

그 다짐과 함께 묘한 평온이 찾아왔다. 시장은 여전히 요동쳤지만, 나는 더 이상 그 파도에 휘둘리지 않았다. ETF 승인이라는 대형 호재는 언젠가 현실이 될 것이라 믿었기 때문이다. 진정한 투자는 시장과 싸우는 게 아니라, 끝내 나 자신과의 싸움이라는 사실을 다시금 확인한 순간이었다.

그날의 경험은 내게 다시 한 번 경고했다.

시장은 언제든 우리를 속일 수 있고, 뉴스는 언제든 우리를 시험할 수 있다.

그러나 끝내 살아남는 건, 원칙을 지키는 자뿐이다.

그러나 운명은 두 달 뒤, 또다시 장난을 쳤다.

2024년 1월, 마침내 SEC가 블랙록을 비롯한 11개의 비트코인 현물 ETF를 공식 승인했을 때, 나는 깨달았다.

진짜 중요한 것은 그날의 뉴스가 아니었다.

ETF 승인이라는 역사적 순간은 결국 찾아왔지만, 그 과정에서 무너지지 않고 끝내 기다려 낸 나 자신이 더 큰 의미였다.

투자는 시장을 맞히는 기술이 아니라, 흔들리는 순간에도 끝내 버텨 낸 태도라는 사실을 나는 그 경험을 통해 다시 배웠다.

그날의 오보기사가 단순한 해프닝만은 아니었다.

사실 그 배경에는 10년 넘게 이어져 온 치열한 논란이 있었다.

비트코인 현물 ETF는 수많은 투자자들의 오랜 꿈이었지만, 미국 증권거래위원회(SEC)는 늘 문을 굳게 닫아왔다.

"왜 SEC는 그렇게 완강했을까?"

이 질문을 이해해야만, 그날 시장이 왜 그토록 크게 요동쳤는지를 알 수 있다.

SEC 소개와 비트코인 현물 ETF 승인 이야기

사실 비트코인 현물 ETF는 10년 넘게 미국 증권거래위원회(SEC)와 시장 사이에서 가장 뜨거운 쟁점이었다.

SEC는 미국 금융시장의 규제 기관으로, 투자자 보호와 시장 감시가 핵심 임무다. 비트코인 현물 ETF는 2013년 윙클보스 형제의 신청 이후 수십 차례 도전했지만, SEC는 늘 거부했다. 이유는 세 가지였다.

첫째, 시장 조작 가능성이 크다.

둘째, 투자자 보호 장치가 부족하다.

셋째, 가격 투명성과 감시 체계가 미비하다.

그래서 2017년부터 2023년까지 수십 건의 신청이 불허됐다.

지금은 사임했지만 당시 위원장이었던 게리 겐슬러(Gary Gensler) 역시 "투자자 보호와 감시 체계가 마련되지 않았다."는 점을 반복해서 강조했다.

그러나 2023년, 상황은 달라졌다. 세계 최대 자산운용사 블랙록을 비롯한 대형 기관들이 신청에 뛰어들었고, 시장 인프라가 성숙해졌다. 여기에 법원 판결까지 SEC의 태도 변화를 압박했다.

그리고 마침내 2024년 1월 10일, SEC는 블랙록을 포함한 11개의 비트코인 현물 ETF를 동시 승인했다.

10년 넘게 이어진 거부의 역사가 뒤집히는 순간이었다. 암호화폐가 제도권 자산으로 정식 편입된 역사적 전환점이기도 했다.

| 시장보다 더 큰 파도, 아내의 눈물

나는 이미 비트코인에 풀매수된 상태였다. 거기서 멈추지 않았다.

몸을 갈아 넣듯 추가 근무를 자청했고, 생활비를 제외한 거의 모든 돈을 적립식으로 비트코인에 넣었다.

"지금은 버틸 때다. 지금은 모을 때다." 머릿속엔 그 생각뿐이었다.

하지만 내 옆에서 더 큰 파도가 밀려오고 있었다. 바로 아내였다.

2023년 1월, 우리 둘째가 태어났다.

밤낮없이 이어지는 육아, 첫째와 둘째를 함께 돌봐야 하는 무게는 아내의 어깨를 짓눌렀다.

그 와중에도 나는 일에 매달려 추가 근무를 하고, 들어오는 돈마다 비트코인에 쏟아부었다.

아내는 머리를 질끈 묶은 채 둘째를 안고, 한 손으로 첫째를 챙기며 하루를 버텼다. 새벽이면 둘째 울음소리에 겨우 눈을 뜨고, 낮에는 첫째의 칭얼거림을 달래느라 밥 한 끼도 편히 먹지 못했다.

주변 사람들은 주말마다 여행을 다녀왔다며 사진을 올리고, 친구들과 네일아트를 하며 웃고 떠들었다. 아내는 그런 모습을 볼 때마다 휴대폰을 내려놓으며 한숨을 내쉬었다.

과거 나의 잘못된 투자로 고생했던 기억까지 겹쳐, 결국 감정이 터지고 말았다.

어느 날 저녁, 아내는 젓가락을 내려놓고 조용히 말했다.
"나는 그냥, 보통의 삶을 살고 싶어. 친구들처럼 주말에 가족끼리 나가고, 가끔은 카페에서 수다도 떨고…. 왜 우리만 이렇게 힘들게 살아야 해?"

나는 순간 말문이 막혔다.
억지로 꺼낸 말은 늘 하던 대답이었다.
"우린 지금 미래를 준비하는 거잖아. 조금만 더 버티면…."

하지만 아내는 단호히 고개를 저었다.
"당신은 늘 미래만 말해. 그런데 나는 오늘이 너무 힘들어. 낮에는 첫째 챙기랴, 밤에는 둘째 때문에 제대로 자지도 못하는데…. 나는 지금 무너지고 있어. 왜 우리만 이렇게 희생해야 해?"

그 말에 가슴이 철렁 내려앉았다.
아내의 눈에는 눈물이 맺혀 있었다.

나는 애써 차분히 말했다.

"나도 알아. 당신 힘든 거. 그런데 이건 꼭 필요한 과정이야. 우리 아이들을 위해서도, 우리 미래를 위해서도…."

그러자 아내는 울먹이며 끊어 말했다.
"그런데 당신, 혹시… 그 미래가 정말 올 거라고 확신은 해? 나는 하루하루 버티는 게 너무 힘들어. 둘째 돌보느라 내 삶은 온데간데없고, 당신은 늘 미래 얘기만 하잖아."

"지난번에 알트코인 샀을 때도 기억나? 당신 말 믿고 들어갔다가 지금 -90%야. 결국 다 사라진 거지. 그런데 비트코인이라고 다를 거라는 보장이 어디 있어?"
그 말은 칼처럼 내 가슴을 파고들었다. 부정할 수도, 피할 수도 없는 사실이었다. 숫자와 차트가 아니라, 가족의 삶이 내 앞에 놓여 있었다.

나는 속으로 중얼거렸다. "비트코인은 달라. 하지만 지금 이 순간, 그 말을 꺼내는 게 무슨 의미가 있을까."
그 순간, 나는 아무 대답도 하지 못했다. 시장보다 더 냉혹한 질문이었다. 내가 싸우고 있던 건 비트코인의 가격이 아니라, 아내의 지친 마음이었다.

나는 조용히 고개를 숙였다.
"미안해. 나는 늘 미래만 바라봤어. 오늘의 당신을 보지 못했어. 사실 나도 불안했는데, 그걸 다 당신에게 짊어지게 했던 것 같아."

아내는 눈물을 훔치며 힘겹게 말했다.
"나도 알아. 당신이 얼마나 애쓰는지. 하지만 제발, 우리도 오늘을 살아가는 사람들이라는 걸 잊지 말아 줘.
나는 큰 부자가 아니어도 괜찮아. 그냥 우리 가족이 함께 웃는 시간이 많았으면 해."

그제야 나는 진심으로 고개를 끄덕였다.
"그래. 약속할게. 우리 가족의 행복이 먼저야. 내가 꿈꾸는 부는 결국 우리 가족이 함께 웃는 그 모습이니까. 앞으로는 오늘의 우리도 지키면서 내일을 준비할게."

아내는 눈가를 훔치며 작은 목소리로 말했다.
"…. 당신이 끝까지 믿는다면, 나도 믿어 볼게. 대신 우리 아이들이 지쳐 쓰러지지 않게, 오늘도 함께 지켜 줘."

나는 아내의 손을 꼭 잡으며 대답했다.

"응. 약속할게."

그날의 대화는 단순한 다툼이 아니었다.

투자자로서의 나, 그리고 남편·아버지로서의 나 사이의 균형을 되찾아 준 순간이었다.

그리고 나는 다시 다짐했다.

"투자는 가족의 행복을 위한 수단일 뿐, 결코 가족보다 앞설 수는 없다."

혹시 이 글을 읽는 당신도 미래만 생각하느라 오늘을 놓치고 있지 않은가?

나는 그 함정에 빠졌다가 아내의 눈물 덕분에 다시 일어설 수 있었다.

돈은 삶을 지탱하는 중요한 자원이지만, 그 자체가 삶의 목적이 될 수는 없다.

진짜 부는 숫자가 아니라, 매일의 삶 속에서 함께 웃고 버틸 수 있는 가족과의 시간에 있다는 것을 그날에서야 비로소 깨달았다.

| 투자의 본질은 결국 나 자신과의 싸움

숫자보다 더 무서운 적, 내 안의 조급함

2023년, 나는 단 한 번도 매도하지 않았다. 오로지 매수만 이어갔다.

매일같이 일정 금액을 떼어 분할매수를 했고, 차트가 흔들릴수록 조금이라도 더 낮은 가격에 더 많은 비트코인을 확보하고 싶었다. 처음 시장에 뛰어들었을 때와는 달리 계좌 속 숫자는 확실히 불어났고, 어느 순간 나를 괴롭히던 불안의 그림자도 조금 옅어진 듯했다.

하지만 시간이 갈수록 다른 적이 고개를 들었다. 차트가 아니었다.

바로 더 많은 물량을 확보해야 한다는 강박이었다.

나는 늘 계산했다.

"지금보다 조금 더 떨어지면 더 많은 양을 담을 수 있지 않을까?"

"지금 이 시기를 놓치면 나중에는 물량을 늘릴 기회가 없지 않을까?"

이 집착은 결국 또 다른 불안을 불러왔다. 시장은 내 마음대로 움직이지 않았고, 물량만 더 확보하겠다는 강박은 오히려 나를 조급하게 만들었다. 결국 계좌의 숫자가 아니라, 내 불안이 나를 흔드는 가장 큰 적이었다.

환상과 착각 — "팔고 다시 사면 더 나을까?"

매도를 하지 않겠다고 다짐했지만, 계좌 수익률이 크게 올라가면 내 마음은 흔들렸다.

"지금 이 자리에서 팔고, 다시 떨어질 때 사면 물량을 더 확보할 수 있지 않을까?"

눈앞의 수익을 지키면서 동시에 더 큰 기회를 잡을 수 있을 거라는 달콤한 환상. 그러나 그 생각은 차분한 원칙이 아니라, 조급함과 욕심이 만들어낸 착각에 불과했다.

시장은 늘 예측 불가능했다. 내가 팔자마자 더 올라가 버리면, 결국 다시 더 비싼 값에 따라 들어가야 했고, 평단은 높아졌다. 반대로 기다리다 떨어져도 더 큰 불안이 엄습했다. "혹시 이번엔 더 무너지는 건 아닐까?" 결국 어느 쪽이든 내 마음은 흔들릴 수밖에 없었다.

나는 그 순간을 버티는 마음가짐이 마치 도를 닦는 일과 같다는 걸 느꼈다. 욕심을 끊고, 두려움을 다스리며, 오로지 지금의 자리에 머무는 것. 매도 버튼을 누르지 않고 가만히 지켜보는 일이, 오히려 마음의 가장 큰 수련이었다. 차트는 요동쳤지만, 나는 마치 좌선하듯 화면을 바라보며 호흡을 고르려 했다.

"지금 흔들리면, 결국 또 같은 실수를 반복한다."
그 다짐은 불안한 마음을 붙잡아 주는 염불 같았다.

스님이 번뇌를 내려놓듯이, 나는 조급함을 내려놓으려 했다. 더 크게 벌겠다는 욕심도, 더 안전하게 지키겠다는 불안도 모두 내려놓고, 단순히 '버팀'이라는 한 단어에 집중했다. 그렇게 버티는 시간은 고통스러웠지만, 동시에 나를 단단하게 단련시켰다. 시장을 이기는 게 아니라, 내 안의 흔들림을 이기는 것. 그것이야말로 진짜 투자자의 길이라는 걸, 그 시간 속에서 나는 조금씩 깨달아 갔다.

이 과정을 거치면서 나는 더 확실히 깨달았다. 투자는 바닥을 맞추거나 물량을 늘리는 계산의 게임이 아니라, 흔들리지 않고 지켜 내는 원칙의 게임이라는 것을.

끝내 지켜야 할 단 하나의 원칙
2023년은 내 원칙을 시험대에 올린 해였다.

ETF 오보 사건, 연준의 발언, 전쟁 뉴스, 금융 위기…. 하루가 멀다 하고 시장은 요동쳤다. 호재 기사 하나에도 시장은 춤추고, 오보기사 하나에도 순식간에 무너졌다. 공포와 기대, 환호와 좌절이 하루 사이에도 수없이 교차했다. 그러나 끝내 살아남게 해 준 건 화려한 매매 기술이 아니라, 아주 단순한 세 가지였다.

"분할매수, 버팀, 그리고 기다림."

나는 바닥을 맞추려는 집착을 버렸다. 평단을 낮추는 게 목표가 아니라, 꾸준히 시장에 머무르는 것이 목표였다. 단기 변동에 흔들리지 않고 시간을 투자하는 것. 그것이 내가 끝내 붙잡아야 할 원칙이었다.

계좌 속 숫자가 늘어난 것은 분명 기뻤다. 그러나 그보다 더 큰 성과는 따로 있었다.
바로 내 자신을 지켜 낸 경험이었다.

조급함에 팔지 않았고, 탐욕에 흔들려 무리하지 않았고, 두려움에 도망치지 않았다. 2023년의 나는 그 어느 해보다 많은 불안 속에 있었지만, 동시에 원칙을 가장 단단하게 붙잡은 해였다.

작은 성과가 교만으로 이어지면 무너지는 건 한순간이라는 것, 시장은 언제든 나를 시험할 수 있다는 것을 나는 경험으로 배워왔다.

그래서 다짐한다. 흔들림 없는 투자자로 서는 길은 결국 나 자신을 지키는 길이며, 내가 사랑하는 가족을 지켜내는 길이기도 하다.

시장은 늘 요동치겠지만, 내 안의 원칙만큼은 흔들리지 않도록 오늘도 마음을 다잡는다.

- 5장을 마치며 -

작은 성공이 던진 진짜 질문에 대한 통찰

2023년이 내게 남긴 가장 큰 성과는 계좌 속 수익률이 아니었다. 그것은 끝내 내 마음을 다잡아 낼 수 있다는 경험이었다. 분할 매수라는 단순한 습관이 나를 지켜냈고, 그 반복은 내 안에 단단한 버팀목을 세워 주었다. 이제 나는 하루 이틀의 등락에 쉽게 흔들리지 않았다. 오히려 시장의 파도 속에서 내 태도가 조금씩 변하고 있다는 사실이 놀라웠다. 그 변화는 내 계좌보다 더 값졌다.

이제 나는 확신하게 되었다. 투자는 남보다 빨리 들어가고 나오는 재주가 아니라, 나 자신을 지켜내는 과정이다. 탐욕과 두려움이 사라지는 날은 결코 오지 않는다. 다만 그 속에서 끝내 흔들리지 않는 법을 배우는 것이다. 그리고 그 배움이 쌓일 때, 비로소 시장이 아니라 내가 내 삶의 주인이 된다.

이제 나는 더 이상 큰 수익의 숫자로 내 가치를 재지 않는다.

내가 지켜 낸 원칙, 내가 이겨 낸 마음, 내가 끝내 무너지지 않았다는 그 사실. 그것이 내가 얻은 진짜 자산이다.

그래서 나는 이제야 말할 수 있다.

투자의 본질은 돈을 불리는 기술이 아니라, 끝내 내 자신을 지켜 내는 싸움이라는 것을.

Part 3.

투자자의 철학

삶과 기록으로 남다

들어가며

돈은 분명 삶을 지탱하는 중요한 기둥이다. 하지만 그 기둥만 바라보다 보면 정작 지켜야 할 것들을 잃어버리기 쉽다. 나는 선배의 조언과 가족과의 일상 속에서, 돈보다 더 값진 것이 무엇인지 수없이 깨달았다. 투자란 단순히 돈을 불리는 기술이 아니라, 내가 어떤 삶을 살고자 하는가를 묻는 태도의 문제였다. 이 장에서는 돈과 삶의 균형, 그리고 내가 세운 원칙이 어떻게 철학으로 확장되었는지를 이야기하고자 한다.

6장

돈은 삶을 지탱하는 힘이다

| 직장 10년 차 선배의 조언, 놓쳐선 안 될 것들

가족을 위해 버틴 삶, 그리고 남겨진 후회

나와 함께 근무했던 황 선배님은 늘 성실함의 대명사였다.

언제나 남들보다 먼저 출근했고, 남들보다 늦게 퇴근했다. 한여름 뙤약볕 속에서도 묵묵히 근무지를 지켰고, 한겨울 칼바람에도 불평 한마디 하지 않았다.

아이들이 어릴 적, 그는 누구보다 먼저 추가근무에 이름을 올렸다.

동료들이 "이제 좀 쉬셔야죠."라고 말하면, 그는 미소를 지으며 대답했다.

"애들 크는 데 돈이 더 필요해. 지금은 내가 버텨야 할 때지."

그의 삶은 오롯이 가족을 위한 투쟁이었다. 하지만 그 투쟁은 단순히 돈을 버는 데서 그치지 않았다. 아이들과 더 가까워지고 싶다는 마음은 늘 그를 움직였다. 그래서 그는 아이들이 좋아하는 노래 제목을 외우려 애썼고, 요즘 유행하는 춤 동작을 밤늦게 혼자 동영상으로 따라 해 보곤 했다.

회사 식당에서 점심을 먹을 때, 어색하게 어깨를 흔들며 연습하던 그의 모습에 동료들이 웃음을 터뜨린 적도 있었다. 하지만 그는 개의치 않았다. "애들이 이거 좋아하거든. 내가 집에 가서 보여 주면 깔깔대며 좋아하더라니까." 그렇게 말하며 쑥스러운 듯 미소를 짓던 얼굴이 아직도 선하다.

그의 눈 밑에는 늘 다크서클이 드리워져 있었지만, 아이들 이야기가 나오면 언제 그랬냐는 듯 얼굴이 환하게 밝아졌다. 힘들다는 말을 거의 하지 않던 사람, 책임감의 무게와 동시에 유머와 따뜻함을 품었던 사람. 내 기억 속 황 선배님의 모습은 바로 그런 아버지였다.

주말에도 그는 직장에서 근무 중이었고, 명절 연휴 전날에도 동료들과 교대 준비를 하고 있었다.
"오늘도 근무십니까?"라고 묻는 나에게, 그는 웃으며 이렇게 말했다.

"집에 있어도 결국 내가 할 일은 돈 버는 거야. 차라리 근무하면서 벌어야지."

그 말은 누군가에겐 쓸쓸하게 들릴 수 있었지만, 그에게서는 자부심이 느껴졌다. 자신이 힘들어도 가족을 위해 견디는 삶, 그것을 그는 부끄럽지 않아 했다.

하지만 세월은 누구도 피해갈 수 없었다.
철인 같던 그의 몸도 무너져 갔다.
나이가 들게 되자 허리는 늘 뻐근했고, 무릎은 계단을 오를 때마다 신음 소리를 냈다. 예전에는 밤샘 근무 후에도 거뜬했는데, 이제는 짧은 감기에도 쉽게 쓰러졌다.

그럼에도 그는 여전히 출근했다. 성실함은 그의 습관이자 인생의 방식이었다. 하지만 가끔은 내게 이렇게 말했다.

"김 부장, 열심히 일하고 돈 버는 건 좋은 거야. 하지만 너무 거기에만 매달리지는 마. 돈은 늦게 벌어도 괜찮아. 하지만 몸은 무너지면 다시 회복되지 않아."

그 말은 단순한 조언이 아니었다. 세월을 온몸으로 겪으며 쌓아 올린 결론이었고, 누구보다 성실하게 살아온 사람이 했기에 더 큰 울림이 있었다.

그러나 나는 안다. 황 선배님의 마음 한편에는 지울 수 없는 아쉬움이 있었다는 것을. 아이들이 어릴 적 함께 뛰놀아 주지 못했던 시간, 아내와 함께 여행 한 번 제대로 가지 못했던 순간들. 돈으로 채울 수 없는 빈자리가 남았음을 그는 스스로 알고 있었다.

"내가 더 젊었을 때 조금만 덜 벌고, 조금만 더 가족과 시간을 보냈다면 어땠을까…."
그의 눈빛 속에는 그런 후회의 그림자가 아른거렸다.

그는 늘 가족을 위해 버텼지만, 정작 가족과 함께 웃는 시간을 가장 많이 놓쳤다. 돈은 분명히 필요했다. 그러나 돈만으로는 채워지지 않는 것이 있었다. 함께 밥을 먹는 평범한 저녁, 아이가 손을 잡아 주며 웃던 순간, 아내와 나누는 짧은 대화. 그는 그 모든 순간을 뒷전으로 미뤄 두었고, 세월은 그 빈자리를 냉정하게 가져갔다.

나는 황 선배님의 삶을 보며 배웠다.
돈은 분명히 소중하다. 그러나 그것은 가족과 함께하는 시간,

건강, 그리고 지금 이 순간의 웃음을 대신할 수 없다. 그는 그 사실을 몸으로 깨달았고, 나에게는 살아 있는 교훈으로 남았다.

그래서 나는 다짐한다.
투자는 돈을 불리는 기술이기도 하지만, 결국은 삶을 지켜내는 태도여야 한다는 것을.
내가 쌓아 올리는 모든 원칙과 기록, 그리고 기다림은 단지 계좌 속 숫자를 위한 것이 아니다. 가족과 함께 웃고, 후회 없는 삶을 살아가기 위한 나만의 방법이다.

지나가 버리면 다시는 돌아오지 않는 시간
어느 날, 나는 농담처럼 투정을 부렸다.

"선배님, 요즘 둘째 때문에 정말 힘듭니다. 밤마다 안 자고 울어대서 잠을 못 잡니다. 똥기저귀 냄새도 너무 심해서 고역이에요."

그러자 그는 잠시 나를 바라보다가, 피곤한 얼굴에 잔잔한 미소를 지으며 말했다.

"나는 그 똥기저귀 냄새가… 지금이라면 향수 같을 거다. 자네는 힘들겠지만, 그 시간은 다시는 돌아오지 않아. 내 애들도 어느

새 훌쩍 커 버려서, 어린 시절 모습이 이제는 가물가물하다."

그의 목소리에는 그리움과 아쉬움이 뒤섞여 있었다.

나는 그저 하소연한 것뿐인데, 그의 대답은 내 마음을 한순간에 흔들었다.

"김 부장, 자네 지금은 버티느라 힘들겠지. 그런데 시간이란 게 금방이야. 어느 순간이 되면…. 그때가 너무 그리워질 거야. 나는 갓난아이의 분 냄새를 다시 한 번 맡아 보고 싶어.
그 작은 웃음소리와 따뜻한 향기, 살포시 쥐어 주던 말랑한 손가락, 품에 안기면 고개를 파묻고 잠들던 체온까지…. 이제는 그 모든 게 아득한 기억이 되어 버렸어."

그 순간, 마치 명치를 세게 얻어맞은 듯 숨이 막혔다.
나에겐 힘겹고 버겁기만 냄새가, 누군가에겐 두 번 다시 돌아오지 않는 그리움의 향수였다.

그날 밤, 집에 돌아왔다.
현관문을 열자마자 젖 냄새와 분유 냄새가 섞인 공기가 나를 맞이했다.

아내는 퀭한 눈빛으로 둘째를 안고 있었다. 손끝은 갈라져 있었고, 눈가에는 깊은 다크서클이 드리워져 있었다.

"오늘 너무 힘들다."
아내의 짧은 한마디.

나는 그저 고단함을 토로하는 말로만 들었지만, 그 속에는 말로 다 하지 못한 마음이 숨어 있었다.

"힘들어도, 아이가 커 가는 이 순간만은 함께하고 싶어."

그 말은 스쳐 지나간 바람 같았지만, 잊히지 않는 메아리처럼 내 안에 오래 남았다.

아내는 낮에는 아이를 돌보고, 밤에는 잠을 이루지 못한 지 오래였다. 본인만의 시간은 사라진 지 오래였고, 오로지 가족을 위해 하루를 불태우고 있었다. 그 모습이 황 선배님의 말과 겹쳐 내 마음을 파고들었다.

나는 깨달았다.
아이의 울음은 나에겐 피곤함이었지만, 동시에 부모로서 누릴 수 있는 가장 소중한 순간이었다.

아내의 지친 눈빛은 나에겐 부담으로 다가왔지만, 사실은 가족을 지키고 있다는 강인한 증거였다.

그날 이후로 나는 아이의 울음을 다르게 바라보려 했다. 밤마다 울음소리가 집을 울릴 때, "언제쯤 잠 좀 잘 수 있을까."라는 불평 대신, "이 울음도 언젠가는 사라지겠지. 그때가 오면 그리워하겠지."라는 생각을 떠올렸다. 한밤중 분유 냄새가 진동하는 거실조차 특별한 풍경처럼 느껴졌다.

황 선배님의 말처럼, 시간은 눈 깜짝할 사이에 지나가 버린다. 아이가 갓난아기에서 초등학생이 되는 데 걸리는 시간은 생각보다 짧다. 언젠가 사진첩을 넘기며 "그때 더 안아 줄걸, 더 웃어 줄걸." 후회하게 된다면, 지금의 피곤함은 아무 의미 없는 핑계로만 남을 것이다.

나는 알았다. 투자의 세계에서 기다림이 결국 보상이 되듯, 가족과 함께하는 시간도 결국은 다시 돌아오지 않는 가장 값진 투자라는 사실을. 아이의 울음, 아내의 한숨, 내 몸의 피곤함. 이 모든 것이 언젠가 지나가면, 다시는 되돌릴 수 없는 장면이 된다.

그 순간을 놓치지 않는 것.
그것이야말로 삶이 주는 가장 큰 수익이 아닐까.

돈은 수단이지 목적이 아니다

그 순간, 저자 롭 무어의 《레버리지》에서 읽었던 구절이 떠올랐다. 그는 지나간 시간은 결코 되돌릴 수 없으며, 원하는 일을 시작했을 때는 이미 삶의 끝자락에 서 있을지도 모른다고 경고했다.

그 문장은 단순한 책 속 글귀가 아니라, 내 삶을 향해 날아든 화살 같았다. 나는 늘 "조금만 더 모으면", "조금만 더 버티면"이라는 말로 오늘을 뒤로 미뤘다. 마치 내 인생이 언제든 다시 시작될 수 있을 것처럼 착각했지만, 현실은 달랐다. 오늘을 잃으면 그것은 영영 되돌릴 수 없었다. 몸을 갈아 넣어 당장의 돈을 벌면서도, 사실 내가 팔아치우고 있는 것은 내 시간이고, 아내와 아이의 오늘이었다. 그 단순한 사실이 가슴 깊이 파고들었다.

나는 스스로에게 물었다. 지금 걸어가고 있는 길 끝에는 무엇이 있을까? 분명 더 많은 돈일 수 있다. 그러나 그 길 끝에 아이들의 웃음은 남아 있을까? 아내의 눈빛은 여전히 따뜻할까? 혹시 내가 조금 더 많은 돈을 쫓는 동안, 진짜 소중한 순간들은 모래알처럼 손가락 사이로 흘러내리고 있는 건 아닐까?

스스로에게 질문을 던지자 두려움이 밀려왔다.
혹시 나도 언젠가 황 선배님처럼 후회하는 날이 오지 않을까?
혹시 언젠가 아이가 훌쩍 커 버린 뒤에야, 그 시절이 그리워 눈물 흘리게 되는 건 아닐까?
혹시 돈을 쫓는다고 바쁘게 달리다가 정작 가장 소중한 순간들을 흘려보내고 있는 건 아닐까?

이 질문들은 내 가슴을 후벼 팠다. 대답은 아직 없었지만, 적어도 나는 더 이상 외면할 수 없었다.

그날 이후 나는 작은 것부터 바꾸기 시작했다.
아이가 울면 귀찮아하기보다 품에 안고 달래 주었다. 서툴고 어설펐지만, 아이는 금세 내 품에서 잠들었고, 그 작은 체온이 오히려 나를 위로했다. 아내가 지쳐 보이면 "수고 많다."는 말과 함께 짧은 포옹을 건넸다. 그 짧은 제스처 하나에도 아내의 표정은 조금씩 풀렸다. 주말이면 억지로라도 아이와 함께 시간을 보냈다. 집 앞 놀이터에서 미끄럼틀을 태워 주고, 동네 카페에서 아이스크림을 함께 먹으며 웃었다. 그 시간이 길진 않았지만, 놀랍게도 내 마음은 달라졌다.

아이의 웃음소리는 그 어떤 위로금보다 값졌고, 아내의 미소는 그 어떤 연봉 인상보다도 귀했다. 예전 같으면 '시간 낭비'라 여겼을지도 모르는 그 순간들이, 사실은 내가 돈으로도 살 수 없는 진짜 부였다는 걸 조금씩 깨달아 갔다.

돈은 분명 필요하다. 전기세와 가스비를 내야 하고, 아이의 학원비와 병원비도 필요하다. 삶을 지탱하는 기둥으로서 돈은 부정할 수 없는 존재다. 하지만 그 기둥이 삶 전체를 대신할 수는 없다. 집을 세우는 데 기둥은 필요하지만, 기둥만으로는 집이 완성되지 않는 것처럼 말이다.

황 선배님의 눈빛 속에는 말하지 않아도 알 수 있는 후회가 담겨 있었다. 그는 아이의 기저귀 냄새조차 향수처럼 느껴졌다고 했다. 그 말은 단순한 회상이 아니었다. 지금의 나를 향한 경고였다.
"너도 나처럼 소중한 순간을 놓치지 말라."는 간절한 울림으로 다가왔다.

그날 이후 나는 다짐했다. 나는 돈에 시간을 빼앗기는 사람이 아니라, 시간을 통해 돈을 다스리는 사람이 되겠다고.

그날 이후 나는 두 가지 원칙을 세웠다.
첫째, 오늘의 행복을 담보로 미래를 만들지 않겠다.
둘째, 돈을 수단으로 삼되, 절대 목적이 되게 하진 않겠다.

아이의 작은 손길, 아내의 피곤한 미소, 오늘이라는 선물.

이 모든 것을 잃어버린 채 쌓아 올린 부는 결국 멀리서 빛나 보이지만 다가가면 사라지는 신기루에 불과했다.

돈은 분명히 삶을 지탱하는 기둥이다. 그러나 그 기둥을 쌓느라 오늘이라는 집을 무너뜨려서는 안 된다. 황 선배의 후회, 아내의 눈물, 아이의 웃음이 내게 가르쳐 준 건 단순했다.

돈은 수단일 뿐이고, 진짜 부는 오늘을 지키는 데 있다. 많은 사람들이 부자가 되기를 꿈꾼다. 그러나 나는 이제 부의 정의를 다르게 내린다. 내 아이가 아빠를 찾을 때 곁에 있어 줄 수 있는 것, 아내가 힘들다고 말할 때 손을 잡아 줄 수 있는 것, 피곤한 하루 끝에 가족과 밥상 앞에 앉아 웃을 수 있는 것. 그것이야말로 부자다.

돈이 없으면 불안하지만, 돈만 쫓다가 오늘을 잃으면 공허하다. 결국 가장 무서운 건 가난이 아니라, 지금 내 앞의 삶을 잃어버리는 것이다. 나는 더 이상 "조금만 더 모으면"이라는 말로 오늘을 미루지 않기로 했다. 나는 더 이상 돈을 목적처럼 붙잡지 않기로 했다. 내가 원하는 건 단순하다. 아이의 웃음이 있는 저녁, 아내의 미소가 있는 하루, 그리고 스스로에게 떳떳한 삶. 돈은 그 삶을 지켜 주는 도구이지, 그 삶 자체가 될 수는 없다.

| 돈을 추구하다 잃을 수 있는 것들

돈은 삶의 기둥이지만 전부는 아니다

돈은 삶을 지탱하는 기둥과 같다. 기둥이 있어야 집이 무너지지 않듯, 돈이 있어야 삶은 흔들리지 않는다. 하지만 기둥만 세우는 데 마음을 빼앗기다 보면, 정작 그 안에서 살아갈 집의 온기와 웃음은 사라진다.

둘째가 태어난 뒤 우리 집은 말 그대로 전쟁터였다. 밤마다 울어대는 아이를 달래느라 잠을 설쳤고, 똥기저귀 냄새에 지쳐 농담처럼 말하곤 했다.

"아, 진짜 너무 힘들다. 냄새도 너무 심하고, 잠도 못 자고…."

그 말이 내 입에서 흘러나올 때마다 떠오른 얼굴이 있었다. 바로 황 선배님이다.

"나는 그 똥기저귀 냄새가 지금이라면 향수 같을 거다. 자네는 힘들겠지만, 그 시간은 다시 돌아오지 않아."

그는 늘 그렇게 말했다. 단순한 위로나 지나가는 조언이 아니었다. 뼈와 살로 살아낸 세월이 담긴 울림이었다.

나는 그 말을 곱씹을수록 가슴이 서늘해졌다.
내가 불평처럼 내뱉었던 냄새와 잠 못 드는 밤은 사실 돈으로는 절대 살 수 없는 순간이었다. 아이의 체온, 아내의 피곤한 눈빛, 서로 말없이 건네던 위로. 그것은 지금 이 순간이 아니면 누릴 수 없는, 단 한 번뿐인 선물이었음을 나는 너무 늦게 깨달았다.

돈은 모았다가 잃을 수도 있고, 다시 벌 수도 있다. 하지만 한밤중 아이가 내 품에 안겨 울다 지쳐 잠드는 그 순간은, 세상 어떤 돈으로도 되살릴 수 없다. 아내와 나란히 앉아 서로의 눈을 바라보며 버텨 낸 그 고단한 시간은, 다시는 돌아오지 않는 '오늘'이었다.

그런데도 나는 더 많이 모아야 한다는 욕심에 눈이 멀어, 내 곁에 있는 지금을 놓칠 뻔했다. 그 깨달음은 나를 부끄럽게 했지만 동시에 나를 붙잡아 주었다. 돈은 집의 기둥이 될 수 있지만, 오늘의 웃음과 눈물, 그리고 체온이 모여야만 비로소 집은 집이 된다. 그래서 나는 돈을 쫓느라 기둥만 세우는 사람이 아니라, 오늘이라는 시간을 지켜 내는 사람이 되고 싶다.

미래의 나와 연결되는 삶

그때 문득 떠오른 구절이 있었다. 오래전 철학 책에서 읽었던 문장. 고대 스토아 철학자들은 이렇게 말했다.

"우리는 가진 것 때문에 가난한 것이 아니라, 더 바라는 것 때문에 가난하다."

짧은 문장이었지만 그 안에 담긴 뜻은 무겁게 다가왔다. 내가 부족해서 힘든 게 아니었다. 이미 가진 것을 보지 못하고, 더 많이 바라기 때문에 스스로 가난해지고 있었던 것이다. 욕망은 끝이 없다. 끝이 없기에 지금 누리는 것마저도 가려 버린다. 나는 이미 내 손에 아이의 웃음과 아내의 미소라는 풍요를 쥐고 있었지만, 더 큰 계좌의 숫자만 바라보다가 그 소중한 것들을 놓칠 뻔했다.

마침 그 무렵, 나는 우연히 벤저민 하디의 《퓨처셀프》를 읽게 되었다. 그는 미래의 나와 연결될 때 비로소 현재를 온전히 살아갈 수 있다고 강조했다.

나는 그 구절에서 눈을 뗄 수 없었다.
'만약 20년 후의 내가 오늘로 돌아올 수 있다면, 어떤 하루를 살고 싶을까?'
스스로에게 던진 이 질문은 내 마음을 송두리째 흔들어 놓았다. 분명 그때의 나는 오늘을 그리워할 것이다. 아내와 아이들이 곁에 있는 이 시절, 잠을 설쳐 피곤한 지금조차도 웃으며 떠올릴지 모른다. 언젠가 아이들이 훌쩍 자라 독립해 버린다면, 지금의 이 고단한 일상조차 그리움으로 남을 게 분명했다. 그렇다면 지금 힘들다고만 할 것이 아니라, 이 시간을 있는 그대로 껴안아야 하지 않을까.

그렇게 생각하자 피로 속에서도 마음이 조금씩 달라졌다. 아이의 울음이 더 이상 짜증으로만 들리지 않았다. 언젠가 멈추어버릴 그 울음소리를, 나중에는 그리워할지도 모른다는 생각이 들자 귀 기울이고 싶어졌다. 아내의 지친 얼굴을 보면서도 '우리는 함께 이 시간을 통과하고 있다.'는 마음으로 바라볼 수 있었다.

그 순간 나는 깊이 깨달았다. 성공해야 할 이유가 분명한 사람은 어떤 어려움도 결국 견뎌낸다.

이것은 삶과 투자 모두에서 살아남게 하는 본질적인 힘이었다. 방향 없는 투자는 파도에 휩쓸리는 배와 같고, 이유 없는 삶은 작은 바람에도 무너진다. 나에게는 아내와 아이들이 있었고, 그것이 내가 버틸 수 있는 이유였다.

생각해 보면 투자에서 중요한 것은 오늘의 급등락이 아니었다. 시장의 파동은 언제나 있었다. 하지만 더 큰 그림을 그리고, 그 미래와 연결되어 있을 때만 나는 흔들리지 않고 버틸 수 있었다. 그래서 내가 할 일은 거창하지 않았다. 꾸준히 공부하고, 시장을 분석하며, 책을 통해 시야를 넓히는 것. 이 작은 습관들이야 말로 미래의 나와 오늘의 나를 이어 주는 다리였다.

돈보다 소중한 오늘

얼마 전, 하루를 마치고 아이들과 함께 집 앞 공원을 찾았다. 첫째와 둘째가 깔깔대며 뛰어놀았다. 아내는 피곤에 젖은 얼굴로 벤치에 앉아 있었지만, 아이들이 웃는 모습을 바라보며 순간 환하게 웃었다. 그 웃음은 피곤을 잊게 하는 힘이 있었다.

그때 둘째가 내 품에 안겨 졸린 목소리로 말했다.
"재미있어, 좋아."

아직 발음이 정확하지 않아 어눌하게 흘러나온 그 말은, 오히려 더 깊이 마음을 울렸다.

그리고 곧 잠이 들었다. 아이의 따뜻한 체온이 가슴에 닿자 설명할 수 없는 감정이 밀려왔다.

나는 아내와 눈이 마주쳤다. 말은 없었지만, 서로 같은 마음이라는 걸 알 수 있었다.

'우리가 지켜야 할 건 바로 이거야.'

그 순간만큼은 세상의 어떤 부와도 바꿀 수 없는 시간이 눈앞에 있었다.

그날 나는 확실히 알았다. 계좌 속 숫자가 아무리 늘어나도 아이의 말 한마디, 품 안에서 전해지는 심장 소리, 아내의 미소보다 값진 것은 없다는 것을. 돈은 내 삶을 삼키는 주인이 아니라, 내가 살아갈 집을 지탱해 주는 기둥이어야 한다.

그래서 나는 매일 스스로에게 묻는다.
"나는 돈을 다스리고 있는가, 아니면 돈에 다스려지고 있는가?"

이 질문은 단순한 자기 점검이 아니다. 미래의 나와 오늘의 나를 잇는 철학적 나침반이다.

그리고 나는 마지막으로 이렇게 결론 내린다.

"투자는 결국 돈을 버는 일이 아니라, 내가 어떤 사람이 될 것인가의 문제다."

큰돈을 벌어도 마음을 잃으면 공허하다. 그러나 작은 수익 속에서도 끝내 나 자신을 지켜 냈다면, 그것은 오래 남는다.

이제 나는 계좌도 중요하지만, 그보다 더 소중한 건 가족의 웃음이라는 걸 안다. 순간적인 등락이 아니라 오늘의 의미를 바라본다.

돈은 사라져도 다시 벌 수 있다. 하지만 잃어버린 오늘은 두 번 다시 돌아오지 않는다.

그래서 내가 끝내 지켜야 할 진짜 투자는, 삶 그 자체다.

| 투자는 돈의 기술이 아니라 삶의 태도다

기술에 집착했던 시작

나는 처음에 투자를 단순히 돈을 굴리는 기술쯤으로만 여겼다. 차트를 분석하고 뉴스를 확인하며 코인을 고르는 일, 그 모든 과정이 마치 기술적으로만 이루어지는 게임인 줄 알았다. 더 많은 기법을 익히고 더 많은 정보를 모으면 성공 확률이 높아질 거라고 믿었다. 그래서 틈만 나면 강의 영상을 찾아보고, 유명 투자자의 책을 사 읽으며, 밤을 새워 가며 차트를 들여다보았다. 머릿속에는 각종 보조지표와 차트 패턴이 가득 차 있었고, 그 지식이 많아질수록 내 계좌도 자연스럽게 불어날 거라 확신했다.

하지만 시간이 흐르며 조금씩 깨달았다. 투자에서 성패를 가르는 것은 기술의 많고 적음이 아니었다. 기술은 분명 필요했다. 하지만 그것만으로는 부족했다. 결국 문제는 차트가 아니라 나 자신에게 있었다. 아무리 많은 기술을 익혀도, 욕심과 두려움이라는 내 마음을 다스리지 못하면 늘 같은 실수를 반복했다.

불안과 조급함을 넘어선 깨달음

욕심이 커질수록 마음은 조급해졌고, 조급함은 늘 잘못된 선택으로 이어졌다. 예를 들어 아침에 일어나자마자 시세를 확인하는 것이 습관이 되어 있었다. 휴대폰 알람을 끄자마자 거래소 앱을 켰고, 숫자가 조금이라도 빠져 있으면 하루 종일 마음이 불안했다. 밥맛조차 사라지고, 업무 중에도 몰래 시세를 확인하며 초조해했다. 그렇게 작은 파동에도 흔들리며, 결국 냉정함을 잃고 불필요한 매매를 반복했다.

특히 잊을 수 없는 기억이 있다. 한창 하락장이 이어지던 시절이었다. 며칠 동안 계좌가 손실로 물드는 걸 보며 마음이 무너져 내렸다. 원칙대로라면 조금 더 버티고 기다려야 했지만, 불안이 나를 집어삼켰다. '혹시 이대로 끝까지 무너지는 건 아닐까? 더 늦기 전에 정리해야 하나?' 손가락은 떨렸고, 결국 나는 바닥을 확인하지도 않은 채 서둘러 매도 버튼을 눌렀다. 그런데 며칠 뒤, 시장은 회복했고, 내가 판 가격보다 훨씬 위로 치솟아 있었다. 기다림의 힘을 몰랐던 그때의 선택이 얼마나 어리석었는지, 계좌에 찍힌 숫자가 아니라 내 마음의 후회가 더 크게 다가왔다.

그날 밤, 나는 한숨조차 제대로 쉴 수 없었다. 가족들이 잠든 새벽, 휴대폰 화면 속 붉은 그래프를 멍하니 바라보며 스스로를 원망했다. 머리로는 알고 있었다. 욕심이 판단을 흐린다는 것, 남의 말에 흔들리면 위험하다는 것. 그러나 마음은 달랐다. 차트보다 더 요동친 건 내 감정이었다. 그때 처음으로 인정했다. 문제는 기술이 아니라 내 안에 있었다는 것을.

그 후로 나는 기록을 남기기 시작했다. 단순히 시세 가격만 적는 것이 아니라, 매수와 매도를 결정할 때 내 마음이 어떤 상태였는지까지 써 내려갔다. 조급했는지, 두려웠는지, 혹은 확신이 있었는지. 그렇게 몇 달을 기록하다 보니, 내 투자에는 일정한 패턴이 있다는 것을 알게 되었다. 욕심이 커질수록 조급했고, 조급할수록 실수가 늘었다. 반대로 차분히 기다릴 때는 결과가 달랐다. 내가 직접 공부해 납득한 원칙에 따라 움직였을 때, 조급하지 않고 기준을 지켰을 때, 시장의 흔들림조차 결국 내 편이 되어 주었다.

돈이 아닌 나를 키우는 투자

그때 비로소 깨달았다. 투자란 차트나 숫자의 문제가 아니라, 내 마음속 불안과 욕망을 어떻게 다루느냐의 문제라는 것을. 숫자를 읽는 눈보다 중요한 것은 내 마음을 읽는 힘이었다.

처음에는 내가 원칙을 만들고 습관을 쌓아가는 과정이었다. 그런데 시간이 흐르며 그 관계는 역전되었다. 어느 순간부터는 내가 습관을 이끄는 것이 아니라, 습관이 나를 붙잡아 주고 있었다. 원칙이 있었기에 흔들리지 않을 수 있었고, 작은 습관들이 쌓여 나를 지탱해 주었다. 하루하루의 작은 선택이 모여 결국 나를 만든다는 사실을 몸으로 느꼈다.

처음에는 내가 돈을 쫓았다. 그러나 시간이 지나자 흐름이 달라졌다. 리스크를 견디고 시간을 버티자 돈이 나를 따라오기 시작했다. 기다림 속에서 복리가 쌓였고, 조급함을 눌러낸 자리에서 기회가 열렸다. 돈을 향해 달려갈 때는 늘 멀리 도망치던 그것이, 오히려 내가 한 발 물러서자 내 곁으로 다가오기 시작했다.

이 단순하지만 강력한 진실을 나는 온몸으로 배웠다.

그리고 알게 되었다. 가장 확실한 투자는 결국 나 자신에게 하는 투자라는 것을. 주식이든, 코인이든, 부동산이든 시장은 오를 수도 있고 떨어질 수도 있다. 잘못 선택하면 큰 손실을 볼 수도 있다. 그러나 나에게 쓰는 시간과 노력만큼은 절대 잃지 않는다. 돈으로 무엇을 사는 것만이 투자가 아니었다.

책을 읽으며 시야를 넓히는 것, 경험을 쌓으며 감각을 키우는 것, 내 태도를 점검하며 마음을 단단하게 만드는 것. 이 모든 것이 결국 가장 큰 수익을 안겨 주는 투자였다. 그것은 당장의 수익을 보장하지는 않았지만, 내가 무너지지 않게 하는 힘을 길러 주었다.

많은 사람들은 한순간의 인생 역전을 꿈꾸며 빠른 부를 추구한다. 그러나 내면의 힘을 차곡차곡 쌓아가는 과정을 견디지 못하면, 결국 남이 흘려주는 말에 휘둘리고 만다. 시장은 언제나 그런 틈을 파고든다. 상승장의 끝에는 늘 욕심이 있었고, 그 욕심은 거품을 불렀으며, 거품은 언젠가 무너졌다. 무너진 자리에는 눈물과 원망만이 남았다.

나는 그 과정을 통해 배웠다. 시간과 기회를 제대로 쓸 줄 아는 태도, 하루하루의 작은 습관이 결국 나를 만든다는 믿음, 그리고 자기 자신에 대한 투자가 가장 큰 복리라는 사실을. 무엇보다도, 두렵고 혼란스러운 순간에도 내 기준으로 판단하고 버틸 수 있는 힘이 중요하다는 것을. 결국 투자는 돈의 문제가 아니라 내 삶을 어떻게 바라보고 다스리느냐의 문제였다.

삶에서도 원칙은 나를 지탱해 주었다. 가정에서 아이를 키우며 버티는 힘, 아내와 함께하는 일상의 작은 대화, 책상 위에 놓인 책 한 권. 그것들은 모두 나를 성장시키는 투자였다. 아이가 내 품에 안겨 "아빠, 나 좋아."라고 속삭일 때, 나는 깨달았다. 돈이 주는 위로도 크지만, 삶이 주는 위로는 그보다 훨씬 더 깊다는 것을. 내가 버티는 이유, 내가 투자하는 이유가 결국 여기 있음을.

그래서 이제는 서두르지 않는다. 천천히, 차근차근 준비하며 나아간다. 기술보다 태도를, 속도보다 방향을, 순간의 이익보다 장기적인 성숙을 바라본다. 돈은 여전히 필요하고, 시장은 여전히 흔들리지만, 이제 나는 그것들에 휘둘리지 않는다. 나는 돈을 불리기 위해 투자하는 것이 아니라, 나를 키우기 위해 투자한다.

진짜 투자는 돈을 불리는 기술이 아니라, 나를 키우는 시간이었다.

그 생각은 결국 한 문장으로 귀결됐다.
소크라테스의 말, "너 자신을 알라."

투자에서 성공하려면 결국 자기 자신부터 알아야 한다.
나는 솔직히 탐욕이 많았고, 늘 조급했다. 빨리 벌고 싶다는 마음이 앞섰고, 그래서 단기 트레이딩에 자꾸 끌려 다녔다. 그러나 돌이켜보면 그 선택들은 대부분 후회로 끝났다. 차분히 기다리지 못해 기회를 놓친 순간이 훨씬 많았다.

그 경험들이 내게 가르쳐 준 건 단순했다. 단기 매매보다는 장기 투자가 나와 맞는 길이라는 것. 성향에 맞지 않는 길을 억지로 선택하면 원칙을 지키기 어렵고, 결국 시장의 변동성 앞에서 흔들릴 수밖에 없다는 사실이었다.

그래서 오늘도 스스로에게 묻는다.
"나는 어떤 투자자이고, 무엇을 감당할 수 있는가?"
이 질문은 나만의 것이 아니다.

이 글을 읽는 당신에게도 같은 질문을 던지고 싶다.
당신은 어떤 투자자이며, 무엇을 감당할 준비가 되어 있는가?

- 6장을 마치며 -

돈과 삶의 균형을 돌아보는 성찰

나는 한동안 돈이 삶의 전부인 것처럼 살아왔다. 미래를 위해서, 가족을 위해서라는 명분을 내세우며 지금의 고단함을 당연한 것으로 받아들였다. 남들보다 더 벌어야 하고, 더 빨리 준비해야 하고, 더 단단한 기반을 세워야 한다는 압박감은 늘 내 어깨를 짓눌렀다. 그 무게는 버거웠지만, '내가 지금 버티는 것이 결국 가족을 지키는 길'이라고 스스로를 다독였다. 그런데 시간이 흐르면서 조금씩 깨달았다. 돈은 삶을 지탱하는 힘이지만, 그것만으로는 삶의 의미를 대신할 수 없다는 것을.

황 선배님의 모습은 내게 늘 그 사실을 일깨워 주었다. 그는 평생을 성실하게 일했고, 가족을 위해 몸을 갈아 넣는 삶을 살아왔다. "애들 크는 데 돈이 더 필요하다."며 웃던 그 말 속에는 책임감이 담겨 있었지만, 동시에 씻을 수 없는 후회도 남아 있었다.
"갓난아기의 분 냄새를 다시 한 번 맡고 싶다."

"아이들 똥기저귀 냄새가 지금이라면 향수 같다."

이 고백은 내 가슴을 깊게 파고들었다. 나에겐 짜증과 피곤함이었던 순간이, 누군가에겐 두 번 다시 돌아올 수 없는 그리움이었다. 나는 그 말에서 단순한 회상을 넘어, 지금 내게 주어진 경고를 들었다.

돌아보면 나 역시 비슷한 길을 걷고 있었다. 아내는 밤낮으로 아이를 돌보느라 지쳐 있었고, 나는 돈을 더 벌어야 한다는 강박으로 눈앞의 고단한 현실을 외면하고 있었다. 가족이 나와 함께 오늘을 살아가고 있는데, 나는 늘 내일만 바라보고 있었다. 그 결과 아내의 눈물과 아이의 웃음을 놓칠 뻔했다. '나는 돈을 벌고 있지만, 동시에 가장 소중한 순간을 잃어 가고 있지는 않은가?' 이 질문은 쉽게 사라지지 않았다.

결국 나는 깨달았다. 돈은 필요하다. 그러나 오늘을 잃어서는 안 된다. 돈은 수단이지 목적이 될 수 없다. 돈은 집을 세워 주는 기둥이 될 수 있지만, 그 기둥을 쌓느라 오늘이라는 집 자체를 무너뜨려서는 안 된다. 황 선배의 후회, 아내의 눈물, 아이의 웃음이 내게 알려준 진실은 단순하다. 돈은 삶을 위한 도구일 뿐이고, 진짜 부는 오늘을 지키는 데 있다.

아이가 내 품에서 웃는 순간, 아내가 지쳐도 나를 믿고 기대는 순간, 그 순간들이야말로 어떤 재산보다도 귀하다. 언젠가 내 아이들이 자라서 나를 돌아보았을 때, "아빠는 늘 바빴다."가 아니라 "아빠와 함께 웃었다."라는 기억이 남기를 바란다.

나는 더 늦기 전에 다짐한다. 돈은 분명히 삶을 지탱하는 힘이다. 그러나 그 힘에 휘둘리면 삶은 금세 공허해진다. 돈을 벌기 위해 오늘을 희생하는 것이 아니라, 오늘을 지키기 위해 돈을 활용해야 한다. 이것이 내가 배운 가장 큰 교훈이고, 앞으로도 잊지 말아야 할 나의 철학이다.

그리고 이 글을 읽는 당신에게도 전하고 싶다. 진짜 부자는 더 많은 돈을 가진 사람이 아니라, 지금 이 순간 사랑하는 사람과 함께 웃을 수 있는 사람이다. 오늘을 놓치지 말라. 그것이야말로 우리 모두가 지켜야 할 가장 큰 자산이다.

7장

단순함과 기다림의 철학, 그리고 실행

| 투자의 본질은 단순함, 그리고 기다림이다

처음에 복잡하게 생각했던 투자

나는 처음에 투자를 마치 복잡한 수학 문제처럼 생각했다. 수많은 변수를 풀어내야 하고, 누구보다 빠르게 답을 찾아내야만 이기는 게임이라고 믿었다. 그래서 차트를 한 줄 한 줄 뜯어 보며 정교한 패턴을 읽어내고, 경제 뉴스를 누구보다 빨리 따라잡으려고 애썼다. 남들이 모르는 비밀 정보를 입수해야 성공할 수 있다고 생각했기에, 인터넷 커뮤니티와 단톡방, 해외 기사 번역까지 닥치는 대로 뒤졌다.

내 방의 불은 늘 늦게 꺼졌고, 침대에 누워서도 휴대폰 불빛은 꺼지지 않았다. 머릿속에는 이동평균선과 거래량 막대기, 익숙하지 않은 지표 이름들이 어지럽게 뒤엉켜 있었다.

투자 커뮤니티에서는 매일같이 새로운 이론과 전략이 쏟아졌다. "이번에는 이 전략이 먹힌다.", "저 코인이 곧 뜰 것이다."라는 말들이 넘쳐났고, 그럴듯한 차트와 근거가 따라붙었다. 나는 그 소용돌이 속에서 길을 잃었다. 누군가의 글에 흔들리고, 영상 하나에 마음이 요동쳤다. 마치 답은 늘 내 바깥에 있는 것 같았다.

그때는 몰랐다. 시장의 잡음 속에서 진짜 필요한 것은 화려한 기술이나 복잡한 전략이 아니라는 사실을. 결국 투자의 본질은 단순한 원칙을 세우고, 그것을 끝까지 지켜내는 기다림이라는 것을.

복잡함의 유혹, 단순함의 진리

사람은 본능적으로 복잡한 것을 더 가치 있다고 느낀다. 화려한 그래프, 수많은 지표, 전문가의 그럴듯한 해설은 마치 비밀스러운 답을 아는 사람만이 시장을 정복할 수 있다는 착각을 준다. 나도 한때 그 유혹에 빠졌다. 이동평균선, RSI, MACD 같은 보조지표를 동시에 켜놓고 화면을 들여다보며, 복잡할수록 내 분석이 더 깊다고 스스로 위안했다. 그러나 정작 중요한 순간에는 그 모든 지표가 나를 지켜 주지 않았다. 오히려 서로 다른 신호가 뒤섞이며 더 큰 혼란을 만들었고, 결국 결정은 더 늦어졌다.

그때 나는 알았다. 복잡함은 마치 안전망처럼 보이지만, 실은 불안을 가려 주는 가짜 가림막이었다는 것을. 지표가 많아질수록 나는 오히려 결정을 미뤘고, 확신보다는 망설임이 커졌다. 결국 시장은 단순했다. 가격이 오를 때는 탐욕이, 내릴 때는 두려움이 지배할 뿐이었다. 차트와 지표는 그 본능을 화려하게 포장한 결과물에 지나지 않았다.

그리고 이 깨달음은 투자만이 아니라 내 삶에도 그대로 이어졌다. 우리는 종종 화려한 말과 복잡한 계획 속에서 본질을 잃는다. 미래를 위한 계획이라는 이름으로 수십 가지 목표를 적어 내려가지만, 정작 오늘 하루를 충실히 살지 못한다. 스펙, 경력, 성취라는 복잡한 지표를 쌓으면서도 정작 나와 내 가족이 행복한지 돌아보는 일은 뒷전이 된다.

그러나 진짜 힘은 단순한 원칙에서 나온다.
"내가 감당할 수 있는 범위 안에서 투자한다."
이 단순한 한 문장이 수십 개의 보조지표보다 더 큰 힘으로 나를 붙잡아 주었다.

삶도 마찬가지다.
"오늘 내 곁에 있는 사람을 소중히 대한다."

"내가 해야 할 일을 성실히 해낸다."
그 단순한 원칙이야말로 복잡한 세상 속에서 나를 무너지지 않게 지켜 주는 기둥이었다.

나는 이제 안다. 단순함은 무식함이 아니다. 단순함은 오히려 본질을 붙잡는 힘이다. 복잡한 계산은 잠시 나를 안심시킬 수 있지만, 끝내 나를 지켜 내는 것은 단순한 원칙과 기다림이었다.

역사 속에서 본 기다림의 힘

이 원칙은 역사 속에서도 수없이 반복되었다.

닷컴버블 시기, 사람들은 '닷컴'이라는 이름만 붙어 있어도 묻지도 따지지도 않고 주식을 쓸어 담았다. 회사를 방문해 본 적도 없고, 사업 모델을 이해하지도 못했지만, 모두가 달려가니까 따라가는 것이 당연해 보였다. 그러나 거품은 언제나 꺼지기 마련이었다. 수많은 주식이 하루아침에 휴지조각이 되었고, 그 과정에서 삶까지 무너진 이들도 적지 않았다. 하지만 끝내 살아남은 기업들은 단순한 사업 원칙을 지켰고, 묵묵히 장기적 비전을 향해 걸어간 아마존과 구글은 결국 세상을 바꾸는 회사가 되었다.

2008년 금융위기 때도 마찬가지였다. 모두가 "세계가 무너진다."고 외치며 주식을 내던졌다. 공포가 세상을 지배했고, 그때는 '이제 자본주의는 끝났다.'는 말마저 현실처럼 들렸다. 그러나 바로 그때 원칙을 붙잡은 소수의 사람들, 우량 기업을 저가에 묵묵히 담은 투자자들은 몇 년 뒤 엄청난 수익을 얻었다. 시장이 다시 살아났을 때, 진짜 보상을 받은 건 공포 속에서 흔들리지 않은 극소수였다.

나는 이 역사를 통해 다시 배웠다. 시장은 매번 새로운 사건을 만들어 내고, 늘 다른 얼굴로 투자자를 시험한다. 전쟁, 금융위기, 파산, 거품…. 사건의 포장은 달라도 본질은 같다. 탐욕과 두려움이 교차하는 무대 위에서 끝내 살아남는 사람은 화려한 전략을 아는 사람이 아니라, 단순한 원칙을 붙잡고 기다릴 줄 아는 사람이었다.

투자는 결국 시간과의 싸움이다. 단타로 몇 배를 벌었다는 이들이 잠시 스포트라이트를 받을 수 있다. 그러나 시간이 조금만 지나면 그중 대부분은 흔적조차 남지 않는다. 반대로 묵묵히 원칙을 지키며 기다린 사람은 조용히, 그러나 확실하게 자리를 지킨다. 주목은 받지 못해도, 그들이야말로 진짜 승자였다.

나 또한 긴 시간을 지나며 알게 되었다. 복잡하게 보이는 시장도 결국 단순한 원리로 돌아간다. 내가 해야 할 일은 수십 개의 지표를 외우는 것이 아니라, 내게 맞는 단순한 원칙을 세우고, 그것을 끝까지 붙잡고, 조급함에 흔들리지 않고 기다리는 것이다.

그리고 이제는 확신한다. 진짜 투자는 지식의 경주가 아니라 인내의 싸움이다. 시장은 언젠가 반드시 우리를 시험하지만, 끝내 살아남는 사람은 단순한 원칙을 지키며 기다린 사람이다. 그 기다림이 고통처럼 느껴질 때도 있지만, 시간이 흐른 뒤 돌아보면 그것이야말로 가장 강력한 무기였음을 알게 된다.

| 기다림의 심리학

투자는 언제나 숫자와의 싸움처럼 보인다. 차트는 오르고 내리며 투자자를 시험한다. 하지만 시간이 흐를수록 나는 알게 되었다. 가격이 떨어질 때마다 조여 오는 가슴, 치솟는 순간마다 불붙는 욕심, 그리고 남들과 비교하며 흔들리는 심리. 결국 나를 무너뜨리는 것은 시장이 아니라 내 안의 불안과 욕망이었다.

불안의 순간 — 파란 숫자가 준 공포

단순함은 말로는 쉽다. "원칙을 지켜라.", "길게 보라.", "흔들리지 마라." 그러나 막상 계좌를 열어 파란색 숫자를 보는 순간, 이 모든 말은 한순간에 무너진다.

나는 여러 번 그 경험을 했다. 매수 버튼을 누르고 며칠 뒤, 가격이 예상과 다르게 곤두박질쳤을 때, 마음속에서는 수많은 소리가 동시에 들려왔다.

"더 빠지면 어쩌지?"
"지금이라도 정리해야 큰 손실을 막는 거 아닐까?"
"괜히 들어온 거 아냐?"

이 목소리들은 차트보다 더 무서웠다. 공포는 차트를 바라보는 눈을 흐리게 했고, 합리적인 계산 대신 즉흥적인 충동으로 손가락을 움직이게 만들었다.

밤늦게 휴대폰 불빛을 켜놓고 계좌를 들여다본 날이 많았다. 파란 숫자는 단순한 색이 아니었다.
그 한 줄의 숫자가 내 하루 전체의 감정을 좌우했다. 아침에 빨간색이 보이면 기분이 좋았고, 파란색이 보이면 세상이 끝난 것처럼 느껴졌다. 내 삶은 계좌의 색깔에 따라 오르내렸고, 가족과의 대화마저 그 영향을 피할 수 없었다.

욕망의 순간 — 빨간 숫자가 준 환상

반대로 가격이 오르는 순간은 또 다른 함정이었다. 계좌에 빨간 숫자가 찍히면 마치 모든 세상이 나를 축복하는 듯했다. 그러나 그 기쁨은 오래가지 않았다. 더 큰 욕망이 그 자리를 차지했기 때문이다.

"지금 팔면 아직 이르다. 조금만 더 오를 거야."
"다른 사람들은 더 큰 수익을 내고 있다는데, 여기서 멈출 수 있나?"

결국 욕심 때문에 매도하지 못하고, 떨어지는 차트를 보며 허망하게 웃었던 경험이 한두 번이 아니었다. 욕망은 불안만큼이나 강력했고, 때로는 불안보다 더 치명적이었다. 불안은 나를 도망치게 했지만, 욕망은 내게 끝없는 탐욕을 불러일으켰다.

심리학이 알려준 교훈 ― 마시멜로 실험

이런 나의 행동을 돌아보며 문득 떠올린 실험이 있었다.

바로 유명한 스탠퍼드의 '마시멜로 실험'이다. 연구자들은 아이들에게 마시멜로 하나를 주고, 15분 동안 먹지 않고 기다리면 두 개를 주겠다고 약속했다. 그러나 그 짧은 15분을 참아내는 일은 생각보다 훨씬 어려웠다. 어떤 아이는 책상에 엎드려 눈을 감았고, 어떤 아이는 마시멜로를 만지작거리다 결국 입으로 가져갔다. 많은 아이들이 결국 눈앞의 달콤한 유혹을 이기지 못하고 한 입 베어 물었다.

그런데 수십 년 뒤 추적 조사에서 놀라운 결과가 나왔다. 기다림에 성공한 아이들이 그렇지 못한 아이들보다 더 안정적이고, 성취도도 높았다는 것이다. 단순한 간식 하나를 앞에 두고 벌어진 짧은 실험이었지만, 그것은 평생을 관통하는 중요한 메시지를 던져 주었다.

나는 이 이야기를 읽으며 피식 웃었다. 마치 내 얘기 같았기 때문이다. 차트가 조금만 출렁여도, 불안에 못 이겨 매도 버튼을 눌렀던 날들. 눈앞의 수익을 지키겠다며 성급히 팔고, 다시 더 높은 값에 따라붙었던 날들. 결국 나는 마시멜로를 기다리지 못한 아이와 다를 바 없었다.

투자는 차트의 기술 싸움 같지만, 본질은 심리 싸움이었다. 눈앞의 마시멜로 하나에 집착하면 두 개의 기회를 놓친다. 당장의 안도감을 선택하면, 장기적인 복리의 힘은 사라진다. 나는 이제 안다. 진짜 투자의 성패는 정보의 차이가 아니라 기다림의 태도에서 갈린다.

그 실험은 아이들에게 마시멜로 두 개를 약속했지만, 시장은 훨씬 더 큰 보상을 준비한다. 다만 그것을 얻기 위해서는 불안을 견디고, 욕망을 다스리고, 조급함을 넘어서는 힘이 필요하다. 기다림은 단순히 시간을 보내는 것이 아니었다. 그것은 내 안의 본능을 이겨 내는 훈련이었다.

기다림이 힘으로 바뀌는 순간

기다림은 누구에게나 고통이다. 가만히 있는 것처럼 보이고, 아무 일도 하지 않는 것 같기 때문이다. 주변에서는 단타로 몇 배의 수익을 올렸다는 글들이 쏟아졌고, 커뮤니티에는 순식간에 부자가 되었다는 자랑이 가득했다. 그런 이야기를 읽을 때마다 내 마음은 흔들렸다.

'나도 저렇게 해야 하는 게 아닐까? 이렇게 가만히 기다리면 뒤처지는 게 아닐까?'

그러나 버티며 시간이 흐르자 조금씩 달라졌다.

나는 스스로에게 되뇌었다.
"남과 비교하지 마라. 너의 원칙만 지켜라."

그 단순한 문장이 신기하게도 나를 붙잡아 주었다. 처음엔 억지로 다짐처럼 반복했지만, 시간이 지나자 그 말은 나의 뼛속으로 스며들었다. 어느 날 문득 깨달았다. 가장 크게 변한 것은 시장이 아니었다. 바로 나 자신이었다. 원칙을 끝까지 지켜낸 경험이 내 마음을 단단하게 만들었다. 기다림은 더 이상 고통이 아니었다. 오히려 나를 키우는 힘이었다.

워런 버핏의 말처럼 "투자는 단순하다. 하지만 단순하다고 해서 쉽지는 않다."는 것을 온몸으로 느꼈다. 단순함을 지킨다는 건 화려한 기법을 포기한다는 뜻이 아니었다. 그것은 불안과의 싸움이었고, 기다림을 견디는 건 조급한 본능과의 전쟁이었다.

그리고 그 싸움에서 한 번씩 이겨 낼 때마다 나는 조금씩 단단해졌다. 계좌의 숫자는 오르락내리락했지만, 내 내면은 오히려 흔들림이 줄어들었다. 그 순간 나는 알았다. 기다림은 단순히 시간을 흘려보내는 것이 아니라, 내 자신을 다져 가는 훈련이라는 것을.

| 가족과 함께 배운 기다림

투자는 결국 훈련이었다. 불안과 욕심을 다스리는 훈련. 그런데 시간이 지나면서 나는 깨달았다. 이 훈련은 시장 안에서만 끝나는 것이 아니라, 내 삶 전반으로 스며들고 있었다.

아이들이 새벽마다 울며 내 잠을 깨울 때, 예전 같으면 짜증이 먼저 올라왔을 것이다. '내일 출근해야 하는데, 왜 또 우는 거야.' 불평이 목 끝까지 차올랐다. 그러나 나는 속으로 되뇌었다.

"이 시간도 결국 지나갈 거야. 언젠가는 그리워질 날이 올 거야."

그렇게 마음을 바꾸어 바라보니, 아이의 울음소리조차 소중하게 다가왔다. 시끄러운 울음이 아니라, 내게 주어진 지금의 증거이자 살아 있음의 신호처럼 들렸다. 언젠가 아이가 자라 더 이상 내 품에서 울어 주지 않을 날을 생각하니, 새벽의 피곤조차 감사한 순간으로 변했다.

아내와 갈등이 생겼을 때도 마찬가지였다. 나는 늘 미래를 핑계로 지금의 시간을 밀어냈다. "조금만 더 참아, 조금만 더 벌면 우리도 편해질 거야." 하지만 그 말은 오히려 아내를 지치게 했고, 결국 눈물로 돌아왔다. 그 눈물을 보며 나는 깨달았다. 투자에서 기다림이 필요하듯, 가정에서도 기다림이 필요하다는 것을. 상대의 마음이 다치고 회복되는 데는 시간이 필요했고, 내가 서두른다고 해서 곧바로 풀릴 수 있는 문제가 아니었다.

기다림은 단순히 시장을 버티는 기술이 아니었다. 그것은 사랑을 지키는 태도였다. 아이를 안고 새벽을 견디는 기다림, 아내의 눈물이 마를 때까지 옆에서 말없이 머무는 기다림. 그 기다림은 가족을 더 단단하게 이어 주었다.

투자에서의 기다림이 내 계좌를 지켰듯, 삶에서의 기다림은 내 사랑을 지켜주었다. 조급함을 내려놓을 때 관계는 회복되었고, 불안을 넘어설 때 비로소 마음은 단단해졌다. 기다림은 더 이상 투자 기술의 이름이 아니었다. 그것은 곧 삶의 철학이었고, 내가 사랑하는 사람들과 함께 살아가는 방식이었다.

단순함과 기다림, 그리고 나 자신의 결론

시장은 언제나 우리를 시험한다. 오르내리는 가격, 쏟아지는 뉴스, 흔들리는 사람들의 목소리. 그러나 투자의 본질은 외부의 소음이 아니었다. 그것은 내 안의 싸움이었다. 내가 불안에 지느냐, 욕심에 지느냐, 아니면 원칙을 지켜내느냐. 그 싸움에서 이기는 순간, 돈은 자연스레 나를 따라왔다.

그래서 이제는 단순하게 말할 수 있다. 투자는 복잡한 기술이 아니다. 투자는 단순하다. 그리고 결국 기다림이다. 오늘은 답답하고, 내일은 불안하며, 때로는 주위의 화려한 성공담과 비교하며 흔들릴 수도 있다. 그러나 끝내 살아남는 것은 언제나 단순하게 원칙을 지키고 묵묵히 기다린 사람이다.

그리고 이 기다림의 끝에서 내가 얻은 것은 단순히 수익률이 아니었다. 그것은 바로 나 자신에 대한 확신, 그리고 가족과 함께 지켜 낼 수 있는 삶이었다. 시장에서 버틴 시간이 나를 단단하게 만들었고, 삶에서도 나를 지탱해 주었다.

경제 지표보다 더 중요한 것은 언제나 인간의 심리였다. 모두가 두려움에 떨며 "망했다, 끝났다."라는 통곡의 소리가 터져 나올 때, 고요 속에서 용기를 내어 매수하는 것. 그리고 모두가 환호하며 탐욕이 절정에 달했을 때, 남들보다 조금 먼저 자리를 떠나는 것. 투자에서 결국 필요한 것은 이 두 가지였다.

그 사이를 관통하는 것은 단순한 원칙, 용기를 낼 줄 아는 결단, 그리고 시간을 견디는 인내였다. 나는 수없이 작은 뉴스와 지표에 매몰되어 매수를 망설인 적이 있었다. 그러나 결국 중요한 것은 '이쯤이면 됐다.'라는 나만의 원칙과 시나리오였다. 시장의 숫자보다 더 분명한 것은 내 안의 확신이었다.

그래서 나는 이렇게 믿게 되었다.

"남들이 두려워할 때 사는 것, 남들이 환호할 때 파는 것. 결국 인간의 심리, 그 인간지표만큼 분명한 등대는 없다."

그러나 여기서 나는 또 하나의 중요성을 강조하고 싶다.
그것은 바로 실행력이다. 아무리 좋은 원칙을 세워도, 그것을 실행하지 않으면 단순한 구호에 불과하다.

나는 투자 성공의 요인으로 지식보다 실행 능력이 더 중요하다고 믿는다. 많은 사람이 투자에 실패하는 이유는 지식이 부족해서가 아니다. 알고도 움직이지 못하기 때문이다.

실제로 사람들은 지난 차트를 보며 이렇게 말한다.
"이때 바닥에서 샀으면 큰돈 벌었겠네."
"내가 과거로 돌아만 가 봐라. 입고 있는 팬티까지 팔아서 과감하게 산다."

그러나 지난 차트를 눈으로 확인하는 것과, 실제로 시장 속에서 두려움을 견디며 매수 버튼을 누르는 것은 전혀 다른 일이다.

투자도 마찬가지다. 머리로 아는 것과 몸으로 실행하는 것은 완전히 다르다. 나는 수많은 실수와 실패를 통해 큰 수업료를 치르며 깨달았다. 가장 강한 적은 시장이 아니었다. 내 마음속의 두려움과 망설임이었다. 그리고 그 적을 이기는 유일한 방법은 '실행'이었다.

신기한 것은, 삶이 고달프고 힘들수록 사람은 점이나 사주 같은 것에 쉽게 의지한다는 것이다. 나는 운명론을 믿지 않는다. 다만 분명하게 믿는 것은, 운명은 내가 만들어가는 것이라는 사실이다. 그래서 어떻게든 생각이 들면 실행하려고 한다. 생각만 하는 것은 아무것도 바꾸지 못한다. 그러나 실행은 언제나 나를 앞으로 한 걸음 내딛게 해 준다.

그래서 나는 결론 내린다.
투자의 본질은 단순함과 기다림이다. 그러나 그것을 진짜 힘으로 만드는 것은 실행이다.
기다림은 시간을 이기게 하고, 실행은 나를 앞으로 나아가게 한다.
이 두 가지가 함께할 때, 비로소 투자자는 끝까지 살아남을 수 있다.

- 7장을 마치며 -

기다림, 삶을 지키는 힘에 대한 통찰

나는 늘 조급했다. 빨리 벌고 싶었고, 남보다 앞서고 싶었다. 그래서 차트 앞에서 밤을 새웠고, 작은 숫자의 변동에도 마음이 요동쳤다. 그러나 시장은 내 뜻대로 움직이지 않았다. 결국 무너지는 건 차트가 아니라, 조급함에 휘둘리는 내 마음이었다.

기다림은 단순히 돈을 불리기 위한 전략이 아니었다. 그것은 나를 단련시키는 훈련이었다. 두려움과 욕망 사이에서 버티는 힘을 길러 주는 과정이었다. 하루하루를 견디며 나는 알았다. 기다림은 고통이 아니라 힘이었다. 욕심이 나를 흔들 때, 두려움이 덮쳐올 때, 그 힘이 나를 붙잡아 주었다.

그리고 어느 순간 깨달았다. 이 훈련은 투자에만 머무르지 않는다는 것을.

가정에서도 마찬가지였다. 밤늦게 돌아와 지친 몸을 이끌고 집에 들어설 때, 혹은 끝없는 집안일 속에서 힘겹게 미소 짓는 아내를 바라볼 때, 내 마음은 시장 앞에서 느꼈던 것과 다르지 않았다.

오늘은 고되고 버겁지만, 이 시간을 견디는 게 결국 내일의 웃음을 지키는 일이라는 것을. 투자에서 기다림이 필요하듯, 가정에서도 기다림이 필요하다는 것을.

나는 더 이상 수익률만 바라보지 않는다. 기다림의 끝에서 내가 얻고 싶은 것은 단순한 숫자가 아니다. 그것은 내 자신에 대한 확신이고, 무엇보다 가족과 함께 지켜낼 수 있는 삶이다.

앞으로도 시장은 흔들릴 것이다. 공포와 탐욕은 여전히 우리를 시험할 것이다. 그러나 나는 안다. 내가 끝까지 붙잡아야 할 기준은 변하지 않는다.

"원칙을 세우고, 기다림을 견디며, 가족과 함께 오늘을 지켜 내는 것."

그리고 또 하나의 중요성은 바로 실행하는 자세이다.

실행은 두려움을 뚫고 나를 앞으로 내딛게 했다. 기다림이 나를 단단하게 만들었다면, 실행은 그 단단함을 현실로 증명하는 힘이었다.

기다림과 실행, 이 두 가지가 함께할 때 비로소 투자와 삶은 흔들림 없이 지켜질 수 있다.

이 단순한 문장이야말로 내가 살아가는 이유이자, 끝내 독자들에게 전하고 싶은 진실이다.

Part 4.
기록하는 투자자

글로 쌓는 또 하나의 자산

들어가며

이 파트는 두 개의 흐름으로 이어진다.

먼저 8장에서는 내가 직접 남긴 투자일지를 돌아본다. 단순히 시세를 적어 둔 기록이 아니라, 내가 겪었던 굵직한 사건들이 그대로 새겨져 있다. 2022년 루나 사태로 시장이 무너져 내리던 날, FTX 파산으로 "코인은 끝났다."는 비명이 쏟아지던 순간, 그리고 이어진 대하락장의 긴 시간들. 계좌가 산산조각 나던 절망, '여기가 바닥이다.'라며 매수 버튼을 누를 때의 떨림, 그리고 기회를 놓칠까 불안했던 조급함까지 고스란히 담겨 있다. 다시 읽어 보면 그것은 단순한 숫자의 기록이 아니라, 그 순간의 나를 드러내는 심리의 기록이었다. 투자일지는 수익률을 적는 표가 아니라, 나 자신을 비추는 거울이었다.

그리고 9장에서는 그 기록이 어떻게 단순한 메모를 넘어 투자 철학으로 자라났는지를 이야기한다. 책 속 한 문장에서 얻은 울림, 블로그에 남긴 성찰, 그리고 쓰라린 실패를 글로 적으며 다진 교훈. 글로 남기지 않았다면 흩어지고 잊혔을 깨달음들이 쌓이며, 나를 단단하게 붙잡아 주는 원칙이 되었다. 기록은 단순히 과거를 붙잡는 일이 아니라, 흔들릴 때마다 중심을 다시 세워 주는 힘이었다.

그래서 이 마지막 파트는 내가 남긴 기록의 흔적이 어떻게 철학이 되었는지, 그리고 그 철학이 내 삶과 투자에 어떤 뿌리를 내려 주었는지를 보여 주는 여정이 될 것이다.

8장

기록된 투자일지 - 2022년과 2023년의 시간

| 대하락장의 연대기와 나의 기록

연준의 발걸음, 그리고 시장의 균열

2021년 11월, 미국 연준은 드디어 테이퍼링 시작을 공식화했다. 테이퍼링이란 중앙은행이 시장에 풀던 돈을 조금씩 거둬들이는 과정이다. 말은 단순했지만, 투자자들에게는 곧 "유동성 축소"라는 무서운 신호로 다가왔다.

발표 직후 시장은 곧바로 반응했다.

실제로 2021년 11월 8일, 비트코인은 원화 기준 8,270만 원, 달러 기준 6만 9,000달러라는 사상 최고점을 찍고 곧바로 하락세로 접어들었다. 투자자들은 충격을 받았다. "이제 끝난 것 아니냐."는 불안이 퍼져 나갔고, 그 불안은 곧 공포로 번졌다. 같은 시기,

글로벌 1위 거래소 바이낸스마저 규제 리스크와 조사 이슈에 휘말리면서 시장 전체는 한층 더 흔들렸다. 암호화폐의 심장부에서조차 균열이 드러난 것이다.

나는 그때부터 매일 미국 경제 기사를 챙겨 읽었고, 연준의 발언과 시장의 반응을 꼼꼼히 노트에 기록했다. 단순한 가격 그래프가 아니라, 정책의 변화와 사람들의 심리가 어떻게 얽혀 움직이는지를 남기고 싶었다. 나중에 돌이켜보니, 그 기록들은 단순한 숫자가 아니라 그때의 불안과 긴장, 그리고 시장을 지탱하던 얇은 신뢰의 공기를 붙잡아 둔 흔적이었다.

대하락장의 서막 - 전쟁과 파산, 절망을 키운 연속 충격

2022년 1월, 러시아-우크라이나 전쟁이 발발했다. TV 속 뉴스는 순식간에 폭격 장면과 불타는 건물, 피난을 떠나는 사람들의 얼굴로 가득했다. 하지만 내 눈에는 차트가 더 먼저 들어왔다. 유가와 원자재 가격이 치솟고, 주식과 코인은 연일 추락했다. 머릿속은 복잡했고, 마음은 한없이 가라앉았다. 전쟁이란 건 책 속에서만 존재하는 줄 알았는데, 그것이 내 계좌를 무너뜨리는 파괴력으로 다가오자 숨조차 막혔다. 새벽에도 눈을 감을 수가 없었다. 휴대폰을 켜면, 차트는 고꾸라져 있고, 숫자들은 가파르게 줄어들고 있어 하루의 기분을 순식간에 집어삼켰다.

투자일지 속 문장은 짧았다.

"오늘도 하락! 연초부터 전쟁이 벌어지다니, 예상을 할 수가 없다. 내 계좌는 언제 복구될까?"

파월의 말과 '일시적'이라는 함정

3월이 되자 또 다른 충격이 이어졌다. 테이퍼링 종료와 함께 첫 금리 인상이 시작되었다. 돈은 급속히 빠져나갔고, 주식·코인 할 것 없이 자산시장은 곤두박질쳤다. 그런데도 사람들은 여전히 낙관을 놓지 않았다. 커뮤니티에서는 "곧 반등이 올 거다."라는 희망 섞인 글이 쏟아졌다. 나 역시 흔들렸다. '이번만은 다르지 않을까?'라는 기대가 마음을 파고들었다.

돌이켜보면, 그때가 가장 뼈아픈 순간이었다. 당시 파월 의장은 인플레이션은 일시적인 현상이라고 강조했다. 나도 그 말을 믿었다. 연준 의장의 확신 어린 발언은 마치 안전벨트처럼 느껴졌다.

"곧 잡히겠지, 지금의 불안은 잠시일 뿐이야."

그렇게 스스로를 달래며 현실을 외면했다. 하지만 곧 진실이 드러났다. 물가는 더 치솟았고, 금리는 가파르게 올랐다. '일시

적'이라는 말은 무너졌고, 나는 깨달았다. 정작 눈앞의 데이터보다 권위 있는 한마디에 기대고 있었다는 사실을. 그때 배웠다. 시장은 말이 아니라 숫자로 움직이고, 투자자는 희망이 아니라 냉정한 현실을 봐야 한다.

루나·테라의 붕괴, 안도의 한숨과 타인의 절망

그러나 5월, 진짜 위기가 터졌다. 연준의 빅스텝(0.5% 인상) 발표 직후, 루나·테라 붕괴 사태가 발생한 것이다. 권도형이라는 젊은 창업자가 내세운 프로젝트는 한때 "달러를 대체할 새로운 화폐"라며 전 세계의 스포트라이트를 받았다. 그러나 불과 며칠 만에 휴지조각으로 전락했고, 수십조 원이 순식간에 증발했다. 전 재산을 잃은 이들이 극단적 선택을 했다는 기사가 이어졌고, 공포는 삽시간에 전 세계로 퍼졌다.

나는 그 뉴스를 보고 한동안 화면 앞에서 말을 잃었다. '투자가 이렇게까지 사람의 인생을 무너뜨릴 수 있구나.' 단순한 가격 폭락이 아니었다. 숫자가 무너질 때 사람의 삶까지 함께 무너진다는 사실을, 그날처럼 뼈저리게 느낀 적은 없었다.

다행히도 나는 그 거품에 올라타지 않았다. 엄청난 상승세에도 불구하고 왠지 손이 가지 않아 매수를 미뤘는데, 지금 돌이켜보면 그것은 악마의 속삭임에 넘어가지 않은 최고의 행운이었다. 하지만 마음이 편하지는 않았다. 저 기사가 나오자 루나코인에 올인했던 지인들에게서 하나둘 내게 전화를 걸어왔다. 울먹이는 목소리, "이제 끝났다."는 절망. 숫자가 아닌 사람의 목소리가 내 가슴을 더 깊게 찔렀다. 그날은 차트를 보는 내내 한숨만 나왔다. 이건 단순한 투자가 아니라, 삶 전체가 무너지는 일이었다.

셀시우스 파산, 차갑게 다가온 또 다른 충격

6월, 거대 가상자산 대출 플랫폼 셀시우스가 파산했다. 투자자들의 돈이 묶이며 한순간에 증발했고, 시장은 또다시 혼돈에 빠졌다. 이번에는 공포보다 분노가 앞섰다. "역시 코인은 사기다." 라는 말이 공공연히 퍼졌다. 희망 대신 조롱과 냉소가 시장을 지배했다.

나는 이번에는 다른 감정으로 기록했다. 전에는 함께 휩쓸려 흔들렸다면, 이번에는 오히려 냉정하게 바라볼 수 있었다.

'바닥이 아니라 지하실로 내려가고 있구나. 그러나 진짜 기회는 늘 이런 절망 속에서 온다.'

FTX 파산, 모든 것이 무너진 자리에서

6월부터 11월까지, 연준은 네 차례의 자이언트 스텝(0.75% 금리 인상)을 단행했다.

그리고 2022년 11월, 결정적인 사건이 터졌다. 세계 2위 거래소였던 FTX가 하루아침에 파산한 것이다.

5월에 터진 테라·루나 사태가 시장을 뒤흔든 지진이었다면, 11월의 FTX 거래소 파산은 초고층 빌딩이 순식간에 무너져 내리는 붕괴와 같았다. 그 중심에는 창업자 샘 뱅크먼 프리드(Sam Bankman-Fried, SBF)가 있었다.

업계의 천재라 불리며 수많은 투자자의 신뢰를 받던 그는, 사실상 고객 자산을 몰래 빼돌려 '알라메다 리서치'의 구멍을 메우고 있었다. 그 진실이 드러나자 신뢰는 삽시간에 붕괴했고, 인출 요청은 눈덩이처럼 불어났다. 거대한 제국으로 보였던 FTX 거래소는 사실 모래 위에 세워진 성에 불과했다. 너무나 충격적인 사건이라 그냥 지나칠 수 없었다.

그날의 심정을 나는 이렇게 투자일지에 남겨 두었다.

2022. 11. 11.

"FTX 거래소 위기의 문제로 자금 인출이 시작되고, 11월

8일에는 바이낸스 거래소마저도 인수를 철회했다.

그리고… 오늘, 결국 "FTX 거래소 파산."

눈앞에서 차트가 산산조각 난다. 불과 3,000만 원을 간신히 지켜 주던 비트코인이 2,000만 원 초반까지 하락하고 있다.

커뮤니티는 욕설로 불타고, '끝났다. 코인은 죽었다.'는 말이 끊임없이 올라온다.

심장이 덜컥 내려앉는다. 손끝이 덜덜 떨려 휴대폰을 제대로 쥘 수도 없다. 이미 내가 가지고 있는 알트는 아예 회복 불가능하다. 더 이상 이것에 물을 탈 수가 없고 자신도 없다.

가족들은 곤히 자는데, 나 혼자 새벽에 불 꺼진 거실에서 휴대폰 불빛만 붙들고 있다.

숨이 막히고, 머릿속은 하얗게 비어 버렸다.

아무것도 할 수 없다. 단지 공포 속에서 버텼다. 그게 다였다."

FTX의 붕괴는 단순한 기업 파산이 아니었다. 업계의 뿌리가 송두리째 뽑혀 나가는 듯한 충격이었다.

뉴스 헤드라인은 온통 붉은 글씨로 뒤덮였다.

"암호화폐 붕괴."
"비트코인의 종말."

코인판에 남아 있던 사람들은 절망 속에서 외쳤다.
"이제는 끝났다. 비트코인은 사라질 것이다."

그 공포는 전염병처럼 퍼져 나갔고, 나조차도 가슴이 돌덩이처럼 굳어 버린 듯 무거웠다.

사실 이때 나는 부모님께 말씀을 드렸다.
"지금이 비트코인 바닥인데, 혹시 적금 해지한 돈 있으시면 사는 게 어떨까요?"

그러나 아버지는 호통을 치셨다.
"야, 이 미친놈아! 제발 정신 좀 차려라. 뉴스에서 코인 망한다고 저렇게 떠드는데, 넌 언제쯤 정신 차릴래?"

또 다른 친구와 식사를 하면서도 "지금 비트코인을 사는 게 어떻겠냐?"고 물어봤지만, 역시 대답은 부정적이었다.

코인판에 남아 있던 사람들 사이에서는 부정적인 말과 욕설이 난무했고, 일반인들은 아무도 관심조차 두려 하지 않았다.

반감기 주기 사이클마다 "망했다."는 말이 반복되었지만, 비트코인은 늘 바닥을 다지고 엄청난 상승을 되풀이해 왔다.

묘하게도, 바로 그 순간 이상한 확신이 피어올랐다.
모든 게 무너진 바로 그 자리가, 어쩌면 새로운 시작점일 수 있다는 직감이었다.
숫자는 무너졌지만 정작 내 마음은 그 어느 때보다 명확했다.

2022. 11. 12.

"하루를 꼬박 새우고 결심했다.
지금이다.
두렵다. 미칠 듯이 두렵다.
하지만 이 공포 속에서 못 누르면, 나는 평생 투자자 될 자격 없다.
적금 깼다. 공제회도 해지했다. 보험도 정리했다.
가족의 안전망을 걷어내며 만든 피 같은 돈.
그 시드 30%. 비트코인에 집어넣는다.

> 버튼을 눌렀다.
> '딸깍.'
> 소리가 귀에 쿵 하고 박혔다.
> 그냥 매수가 아니다.
> 내 가족의 오늘을 잘라 만든 돈.
> 그 무게를 짊어지고 누른 버튼이었다.
> 오늘, 나는 공포 위에서 클릭했다.
> 그리고 그 순간, 다시 시작했다."

손끝은 떨렸지만, 그 순간만큼은 확신이 있었다. 모두가 두려움에 매도할 때, 나는 매수를 택했다. 그것은 단순한 투자 결정을 넘어, 공포를 뚫고 내 원칙을 실천한 첫 경험이었다. 나 자신과의 싸움에서 이겨 낸 선택이었다. 그 순간, 나는 두려움 속에서 다시 태어났다. 투자자로서의 두 번째 출발선이 거기에서 시작되었다.

| 2023년, 상승의 공포 속에서

2022년은 하락의 공포였다.

연초부터 전쟁, 파월의 말 바꾸기로 인한 급격한 금리 인상, 테라루나 사태, 그리고 FTX 거래소 파산까지….

연거푸 터진 악재는 코인 시장을 완전히 무너뜨렸다.

그해에 남아 있는 사람은 거의 없었다. 투자자들의 관심은 이미 떠나 있었고, 시장은 그야말로 폐허 같았다.

그런데 신기하게도, 2023년에 마주한 공포는 전혀 다른 얼굴을 하고 있었다.

이번에는 상승의 공포였다.

FTX 파산 직후, 내 마음속에는 단 하나의 신호만 남아 있었다.

"이제는 매수만 이어 가야 한다."

떨어질 때마다 스스로 위로했다.

"더 싸게 살 기회가 생겼다."

그러나 시간이 흐르자, 또 다른 불안이 찾아왔다.

'만약 지금이 진짜 바닥이라면?'

'만약 반등이 시작된다면?'

그때부터 나를 짓누른 것은 더 이상 하락의 공포가 아니었다.

오히려 급격한 상승이 시작될까 두려웠다.

혹시라도 매수 기회를 놓쳐 버리는 건 아닐까, 그 불안이 하루 종일 내 마음을 조여 왔다.

불안이 만든 하루하루 — 공포가 일상이 되다

2022년의 긴 폭락이 남긴 상처는 깊었다. 새해가 시작되었지만 투자자들의 자신감은 여전히 무너져 있었다. "앞으로 더 나빠질 것이다."라는 말은 거의 확신처럼 들렸고, 커뮤니티에는 '망했다.'는 탄식이 매일같이 올라왔다. 주변 사람들과의 대화도 대부분 같았다.

"나 이제 투자 안 해. 다 거짓말이야."
"차라리 은행 예금이 낫다."

그런데 2023년 1월, 세계는 뜻밖에도 희망과 불안을 동시에 내놓았다. 중국의 리오프닝 소식은 잠시나마 시장을 떠받쳤다. 봉쇄를 풀고 다시 경제를 여는 모습은 마치 겨울 끝자락에 스며든 봄기운 같았다. 그러나 그 기대는 오래가지 않았다. 중국 경제는 예상만큼 빠르게 회복되지 않았고, 청년 실업률 20% 돌파라는 충격적인 뉴스는 다시 한 번 사람들의 마음을 얼어붙게 했다.

그때 투자일지 속 문장은 22년과 정반대였다.

2023.01.20.

"중국 리오프닝 뉴스. 차트가 꿈틀댄다.
가슴이 쿵 내려앉는다. '이제 시작되는 건가?'
그러나 손은 움직이지 않는다. 두렵다.
또 놓칠까 봐 조급하다.
하락이 무서운 게 아니다. 이제는 오히려 오르는 게 무섭다.
이게 바로 '상승의 공포'라는 건가.
분할매수를 더 이어 가야 하는데….
혹시라도 갑자기 강한 반등이 시작되면, 못 사는 건 아닐까?
지금이라도 과감하게 들어가야 하나?
머리는 원칙을 말하는데, 가슴은 불안에 짓눌린다."

2022년과 정반대의 기록. 그때는 끝없는 하락이 두려웠다면, 이제는 놓칠까 봐의 공포가 매일 내 마음을 흔들고 있었다.

연이은 충격과 흔들리는 마음

 2월, 파월 의장이 "디스인플레이션(물가 상승 둔화)"이라는 단어를 꺼냈을 때, 시장은 환호했다. 차트는 반등했고, 사람들은 안도했다. 그러나 곧 발표된 고용보고서와 CPI는 예상보다 훨씬 높았다. 꺼지지 않은 인플레이션의 현실은 기대를 무너뜨렸고, 시장은 하루가 다르게 희망과 불안을 오갔다.

> 2023.02.15.
>
> "뉴스 하나에 들떴다가, 지표 하나에 무너진다.
> 감정이 널뛰기한다.
> '이게 진짜 반등일까? 아니면 또 낚시일까?'
> 머리로는 원칙을 떠올리지만, 마음은 계속 불안하다.
> 제발 더 떨어져라. 그래야 내가 더 살 수 있다."

 3월, 실리콘밸리은행(SVB)에서 대규모 예금 인출 사태, 이른바 '뱅크런'이 발생했다. 이어서 글로벌 투자은행 크레디트스위스(CS)마저 파산 위기에 몰렸다. 은행이 무너진다는 건 단순한 기업 파산과는 차원이 달랐다. 사람들은 2008년 금융위기의 악몽을 떠올리며 "혹시 이번에도 세계 금융시스템이 무너지는 것 아니냐?"는 두려움에 휩싸였다. 다행히 정부와 중앙은행의 빠른 개입으로 위기는 봉합되었지만, 시장은 다시 얼어붙었다.

> 2023.03.12.
>
> "SVB 뱅크런. 뉴스가 실시간으로 쏟아진다.
> 차트가 곤두박질친다. '좋아, 매수 찬스다.'
> 일단 더 떨어질 수 있으니 조금만 샀다.
> 그런데… 며칠 뒤 반등.
> 하… 더 크게 살걸. 또 놓쳤다.
> 놓친 상승은 하락보다 더 아프다."

이때 은행 파산 뉴스가 전해지자 비트코인도 잠시 하락했다. 그러나 곧 역설적인 메시지가 세상에 퍼져 나갔다.

"만약 신뢰받던 은행조차 무너진다면, 진짜 안전한 곳은 어디인가? 오히려 비트코인이 대체 안전처가 될 수 있다."

그 메시지는 빠르게 투자자들의 심리에 불을 지폈고, 비트코인은 다시 상승 곡선을 그리며 반등했다. 공포 속에서 오히려 비트코인의 가치가 더 드러나는 순간이었다.

연이은 악재와 흔들리는 마음 — 그러나 원칙이 붙잡아주다

5월에는 미국 부채한도 협상이 지연되면서 디폴트 위기설이 터져 나왔다. "미국이 파산할 수도 있다."는 말은 상상하기조차 어려운 일이었지만, 사람들은 진지하게 그것을 두려워했다. 전 세계의 금융질서는 달러 위에 세워져 있는데, 그 달러가 흔들린다는 건 곧 모든 것이 무너진다는 의미였다. 결국 극적인 타협으로 최악은 피했지만, 투자자들의 마음은 이미 크게 위축되어 있었다.

2023.05.28

"미국이 파산할 수도 있다니⋯.
말도 안 된다고 생각하면서도, 마음이 흔들린다.
뉴스 알림이 울릴 때마다 심장이 덜컥한다.
차트를 덮고 그냥 눈을 감았다."

여름은 따뜻함이 아니라 냉기였다. 중국 리오프닝의 반짝 기대는 금세 사라졌고, 그 빈자리를 메운 것은 구조적 불안이었다.

미국에서는 신용등급 강등을 시작으로 전국적 파업, 연방정부 셧다운 위기, 학자금 상환 재개, 고유가 부담까지 '4대 악재'가 연달아 몰려왔다. 뉴스는 매일같이 공포를 전했고, 시장은 불안에 휘청였다.

> 2023.08.02
>
> "미국 신용등급 강등.
> 미국이 흔들린다니… 이게 말이 되나?
> 달러가 무너지면 모든 게 끝인데.
> 뉴스를 보며 머리가 하얘졌다.
> 차트는 또 출렁인다.
> '이번엔 진짜 시스템이 무너지는 건가?'
> 손이 간질거리지만 멈췄다.
> 버텨야 한다. 이런 공포 속에서 흔들리면, 22년에 배운 게 없다."
> "공포에 매수하고, 탐욕에 매도하라."

10월, 하마스의 이스라엘 공격으로 중동 전쟁이 발발했다. 국채금리는 치솟았고, 전 세계 자산시장은 또다시 얼어붙었다. 뉴스를 보며 가슴이 철렁 내려앉았지만, 나는 차트를 덮고 노트를 펼쳤다.

2023.10.08

"중동 전쟁. 머리가 복잡하다.
차트는 또 곤두박질. 심장이 철렁한다.
지겹다. 그놈의 악재 뉴스. 뭐가 이렇게 22년, 23년 내내 나오냐.
이건 완전 끼워 맞추듯이 너무한다.
하지만 이젠 예전 같지 않다.
더 이상은 안 나오겠지. 나오려면 더 나와 봐라. 난 버틸 수 있다.
전쟁도, 인플레이션도, 정치도 결국은 시장의 일부다."

두려움 끝에서 희망이 싹트다

11월이 되자, 상황은 반전되기 시작했다. 국채금리가 급락하면서 "이제 금리 인하가 다가온다."는 기대가 퍼졌다. 그리고 12월 FOMC에서 파월 의장은 그동안 물가를 잡겠다며 강하게 금리를 올려야 한다고 말해 오던 태도에서, 갑자기 시장을 안심시키는 쪽으로 방향을 틀었다. "앞으로는 금리를 내릴 수도 있다."는 뉘앙스를 드러낸 것이다. 투자자들은 이 신호를 기다렸다는 듯 환호했고, 자산 가격은 본격적으로 반등하기 시작했다.

한 해를 정리하면, 2023년은 처음부터 끝까지 공포의 연속이었다. 은행 파산, 전쟁, 정치적 혼란, 신용등급 강등, 셧다운 위기…. 투자자라면 누구나 두려움에 주저앉을 만한 사건들이 꼬리를 물고 이어졌다.

그러나 결과적으로 시장은 상승했다. 코스피는 2,200에서 시작해 2,600을 넘어 마감했다. 공포 속에서도 시장은 조금씩, 그러나 확실히 올라서고 있었다.

나는 투자일지 마지막 장에 이렇게 적었다.

"2022년은 하락의 공포, 2023년은 상승의 공포였다.
그러나 결국 공포는 나를 잡아먹지 못했다. 원칙을 붙잡은 사람만이 공포를 통과한다."

돌이켜보면 이 해는 내게 분명한 교훈을 남겼다. 대부분의 투자자들이 두려움에 짓눌려 매수를 멈출 때, 원칙대로 분할매수를 이어 간 사람만이 결국 보상을 받는다.
나는 매수할 때마다 떨렸지만, 끝내 그 원칙을 지켰다.

2023년은 나를 다시 한 번 시험했지만, 동시에 나를 성장시켰다.
과거의 나는 불안에 던지고, 탐욕에 따라붙던 '숫자의 노예'였다. 그러나 이제 나는 원칙을 붙잡은 투자자가 되어 있었다. 공포 속에서도 한 걸음을 내딛을 수 있는 힘, 두려움 끝에서 희망을 볼 수 있는 눈을 갖게 된 것이다.

나는 이 해를 이렇게 정리한다.
"투자는 공포 속에서 기회를 잡는 자의 몫이다."
그리고 나는 마침내 그 문장을 내 삶으로 증명하기 시작했다.
마지막으로, 내가 직접 경험한 두 해의 기록을 이렇게 표로 남긴다.

2022년 vs 2023년 비교

구분	2022년	2023년
공포의 얼굴	끝없는 하락, 바닥없는 추락.	놓칠까 두려운 상승.

대표 사건	러시아-우크라이나 전쟁, 파월의 급격한 금리인상, 테라·루나 붕괴, FTX 거래소 파산	중국 리오프닝 기대와 좌절, 실리콘밸리은행(SVB) 뱅크런, 크리디트스위스 위기, 미국 부채한도 협상, 신용등급 강등, 중동 전쟁
투자자의 심리	"이제 끝났다."는 절망.	"아무도 관심 없었다."는 무관심.
나의 선택	분할매수, 원칙으로 버팀.	원칙 지키며 꾸준히 매수.
교훈	하락의 공포도 지나간다.	상승의 공포도 결국 견뎌야 한다.

| 하락장의 시그널과 나만의 매도 시기

 시장은 늘 절정에서 가장 화려한 불꽃을 터뜨린다. 그 순간을 모르는 투자자는 환호 속에서 뒤늦게 올라타지만, 경험 있는 투자자는 그 불꽃놀이가 끝나갈 신호임을 알아본다. 나는 지난 두 번의 사이클을 기록하며, 그리고 내 계좌와 감정으로 직접 체험하며 깨달았다. 하락장은 언제나 사람들의 광기가 정점에 달했을 때 시작되었다는 사실을.

2017년: CME 비트코인 선물 상장 — 제도권의 첫 진입이 만든 절정

2017년은 비트코인이 세상의 주목을 본격적으로 받은 해였다. 그해 12월, 미국 시카고상품거래소(CME)에서 비트코인 선물 거래를 개시했다. "드디어 비트코인이 제도권에 들어섰다."는 환호가 온 시장을 뒤덮었다. 언론은 앞다투어 "이제 비트코인은 월스트리트의 중심으로 들어갔다."는 헤드라인을 쏟아냈고, 개인 투자자들은 '이제 더 이상 거스를 수 없다.'는 확신에 들떠 있었다.

하지만 정작 그 시점이 바로 대세 상승의 마지막 불꽃이었다. CME 선물 상장 직후 비트코인은 2만 달러를 찍고 곤두박질쳤다. 선물 시장이 열렸다는 것은 곧 공매도의 창구가 제도권에 마련되었다는 의미였다. 환호 속에서 제도권 자본은 오히려 하락에 베팅했고, 결과는 모두가 알다시피 긴 하락장이었다. 그때 나는 시장에 참여하지는 않았지만 기록을 통해 돌아보니 "광기 속에서 신호는 이미 울리고 있었다."는 사실을 알 수 있었다.

2021년: 코인베이스 상장과 비트코인 선물 ETF 승인 — 광기의 절정

두 번째 사이클은 훨씬 더 뚜렷했다. 2021년 4월, 코인베이스가 나스닥에 상장했다. "암호화폐 거래소가 미국 증시에 상장한다."는 사실은 그 자체로 상징적이었다. CNN, 블룸버그, 월스트리트저널까지 하루 종일 관련 소식을 쏟아냈다. 나 또한 스마트폰을 보며 "이제 코인이 완전히 제도권의 중심에 들어왔구나."라는 생각을 했다.

같은 해 10월에는 비트코인 선물 ETF가 승인되었다.
시장은 다시 한 번 폭발했고, '비트코인은 6만 9,000 달러'라는 사상 최고가를 찍었다. 그러나 지금 돌이켜보면, 그 뉴스들은 단순한 '호재'가 아니었다. 오히려 거대한 하락이 다가오고 있다는 '시그널'이었다.

호재가 쏟아지고 언론이 대서특필할 때, 이미 시장의 대부분은 포화 상태에 이르렀다. 신규 자금은 더 이상 들어올 곳이 없었고, 초기부터 담아왔던 세력들은 그 화려한 무대 뒤에서 차분히 매도를 이어 갔다.

그 당시 모두가 "가즈아!"를 외쳤고, 나 역시 불안한 마음이 있었지만 결국 그 '가즈아' 열차에 몸을 실었다.

열차에 올라서도 주위를 둘러보니 모두가 흥분 상태였다.
지하철, 식당, 카페 어디에서든 "비트코인 10만 달러 간다."는 함성이 울려 퍼졌다.

그 열광 속에서 나는 묘한 불안감을 느꼈다.
"이렇게까지 모두가 환호하는데, 정말 이게 끝은 아닐까?"
"이렇게까지 모두가 환호하는데, 정말 계속 가는 걸까? 이번만은 다른 걸까?"

결국 그 직감은 맞았다.
내가 탑승한 '가즈아' 열차의 종착지는 낭떠러지였다.
그 후 비트코인은 순식간에 반 토막이 났고, 2022년 대하락장의 서막이 열렸다.

공통된 패턴을 보면, 광기가 절정에 이를 때 신호가 울린다.
2017년과 2021년의 싸이클을 나란히 놓고 보면 뚜렷한 패턴이 보인다.

첫째, 제도권 편입: CME 선물, ETF 승인, 나스닥 상장 등 "드디어 제도권 진입"이라는 메시지.
둘째, 언론의 대대적 환호: 헤드라인이 하루 종일 쏟아지고, 전 세계 투자자들의 관심이 최고조에 달함.
셋째, 대중의 광기: 지인들까지 모두 코인 이야기를 하고, "지금 안 사면 바보다."라는 분위기.

이 세 가지가 동시에 나타날 때, 시장은 이미 정점 근처에 서 있었다. 광기가 절정에 이르면 더 이상 위로 갈 공간은 남지 않는다. 시장은 환호 속에서 꺾이고, 공포 속에서 다시 시작된다.

나만의 매도 원칙 — 광기 속에서 한 걸음 물러서다

이제 나는 매도 시점을 단순히 차트나 가격으로만 보지 않는다. 숫자는 언제든 조작될 수 있고, 차트는 언제나 뒤늦게 반응한다. 그러나 사람들의 감정은 숨길 수 없다. 뉴스의 헤드라인, 주변 대화 속에 묻어나는 분위기, 심지어 가족과 친구들의 한마디까지도 시장의 열기를 보여 주는 신호였다.

누군가 "이제 비트코인은 안전하다."고 말하는 순간, 나는 오히려 불안해졌다. 그것은 안전의 신호가 아니라, 광기의 절정을 알리는 경고음이었다.

그래서 나는 나만의 원칙을 세웠다.

첫째, 대중이 환호할 때 분할 매도한다.
모두가 같은 방향을 외칠 때, 나는 조용히 반대편으로 걸어 나간다.

둘째, 제도권 편입의 상징적 이벤트가 터지면 반드시 매도한다.

CME 선물, ETF 승인, 대기업 상장 같은 소식은 늘 마지막 불꽃놀이와 같았다. 화려했지만 곧 사라졌다.

셋째, 광기의 절정에서 차분히 현금을 늘려간다.

욕심을 완전히 내려놓기는 어렵다. 그러나 최소한, 그 순간에는 반드시 안전자산을 챙긴다.

나는 매도 또한 분할로 한다. 고점을 정확히 맞히는 건 불가능하다. 그러나 확실한 건, 시장의 광기가 절정을 치달을 때는 늦든 빠르든 반드시 매도를 준비해야 한다는 것이다. 그것은 단순한 투자 기술이 아니라, 내 삶을 지키는 안전장치다.

나는 더 이상 시장과 함께 환호하지 않는다. 불꽃놀이가 하늘을 밝히는 그 순간, 나는 내 자리를 정리하고 조용히 한 걸음 물러선다. 화려함은 잠시지만, 살아남는 것은 오래가기 때문이다.

앞으로 다가올 신호 — 또다시 반복될 역사

그렇다면 앞으로 다가올 사이클의 고점에서는 어떤 신호가 등장할까?

사이클 고점에서도 비슷한 신호가 등장할 것이다. 비트코인 현물 ETF의 대규모 승인, 글로벌 자금의 유입, 혹은 여러 국가의 법정 준비자산 채택 같은 소식이 쏟아질지 모른다. 언론은 하루 종일 환호하고, 사람들은 다시 외칠 것이다.
"지금 안 사면 기회를 놓친다."
바로 그 순간, 나는 매도를 고민할 것이다.

투자에서 가장 어려운 일 중 하나가 매도다. 욕심은 끝까지 더 가지려 하고, 두려움은 너무 일찍 손을 놓게 만든다. 그러나 나는 기록을 통해 배웠다. 매도는 두려움이 아니라 용기라는 것을. 그리고 그 용기는 시장의 광기 속에서 더 빛난다.

나는 이렇게 정리한다.
"상승의 절정은 언제나 가장 화려한 뉴스와 함께 찾아온다. 그리고 그 순간이야말로 매도의 신호다."

불꽃놀이가 하늘을 환하게 물들일 때, 나는 조용히 자리를 정리할 것이다. 그것이 내가 세운 원칙이고, 다음 사이클에서 반드시 지켜야 할 생존의 길이다.

2022년의 공포와 2023년의 불안은 서로 다른 얼굴을 하고 있었지만, 결국 나를 시험한 본질은 같았다. "너는 원칙을 지킬 수 있느냐, 아니면 공포에 무릎 꿇을 것이냐."

투자는 단순히 돈의 게임이 아니다.
투자는 곧 나를 다스리고, 나를 기록하는 여정이다.
그리고 이 기록들은 언젠가 한 줄의 문장이 되어, 나 자신은 물론 다른 누군가의 길을 밝혀 줄지도 모른다.

- 8장을 마치며 -

투자는 결국 삶을 고백하는 성찰

나는 수없이 무너졌다.

처음에는 욕심 때문이었다. 더 오를 거라 믿고 버티다가 눈앞에서 반 토막 나는 계좌를 바라보며 후회했다.

다음에는 두려움 때문이었다. 더 떨어질까 봐 손이 떨리며 매도 버튼을 눌렀고, 며칠 뒤 회복하는 차트를 보며 바보처럼 자책했다.

또 한 번은 조급함 때문이었다. 남들의 성공담에 뒤처질까 두려워 준비도 안 된 채 뛰어들었다가 결국 손실을 떠안았다.

나는 시장에서 이긴 날보다 진 날이 많았다. 그러나 살아남았다. 이유는 단순했다. 무너질 때마다 포기하지 않았기 때문이다. 넘어져도 다시 차트를 열었고, 손실을 기록장에 적었고, 원칙을 지키지 못한 날에도 또다시 원칙을 세웠다. 그 끝없는 반복 속에서 알게 되었다. 투자는 화려한 승리의 기록이 아니라, 무너졌다가 다시 일어서는 과정이라는 것.

시장은 늘 나를 시험했다. 돈이 아니라 나 자신을.
탐욕 앞에서, 두려움 앞에서, 조급함 앞에서…. 그 시험에서 나는 수없이 낙제했다. 그러나 그 낙제마저도 내 철학이 되었다.

그래서 나는 이제 말할 수 있다.
투자는 돈을 버는 기술이 아니다. 투자는 곧 삶을 고백하는 무대다.
내가 무엇을 두려워하는지, 무엇을 탐하는지, 무엇을 잃고 싶지 않은지를 적나라하게 드러냈다.
나는 흔들렸고, 무너졌고, 때로는 바닥에 주저앉았다. 그러나 인정할 수밖에 없었다. 결국 드러나는 것은 내 계좌가 아니라, 바로 나 자신이었다.

그리고 나는 독자에게 이렇게 묻고 싶다.
"당신은 무엇을 지킬 것인가?"
돈을 위해 가족의 오늘을 내줄 것인가, 아니면 돈을 잃더라도 지켜야 할 삶을 붙잡을 것인가. 그 선택 앞에서 당신의 진짜 철학이 드러날 것이다.

돈도 분명 중요하다.

그러나 내가 끝까지 지키고 싶은 것은 돈 그 자체가 아니었다.

계좌의 숫자보다 아이의 웃음이었고, 차트의 상승보다 아내의 손길이었다. 시장의 환호보다 내 마음의 평안이었다. 그것이 진짜 전부였다.

앞으로도 시장은 요동칠 것이다. 또다시 수많은 목소리가 나를 흔들 것이다. 그러나 나는 이제 흔들리지 않는다. 내가 지켜야 할 기준은 변하지 않는다.

"원칙을 세우고, 기다림을 견디며, 가족과 함께 오늘을 지켜 내는 것."

돈은 불어날 수도, 줄어들 수도 있다. 그러나 오늘을 지켜 내지 못한다면, 그 모든 숫자는 결국 공허할 뿐이다.

투자에서 마지막에 남는 것은 수익률이 아니라, 끝까지 지켜 낸 철학과 곁에서 웃어 주는 사람들이었다.

그리고 이것이야말로, 내가 이 책을 통해 독자에게 남기고 싶은 단 하나의 고백이다.

당신도 흔들릴 것이다. 두려움과 욕망 앞에서 수없이 무너질 것이다. 그러나 그때마다 잊지 말기를 바란다. 투자는 결국 돈의 이야기가 아니라, 당신의 삶을 어떻게 지켜 낼 것인가에 대한 이야기라는 것을.

9장

기록에서 철학으로

| 책 속 문장이 준 힘

나는 투자를 하면서 수없이 흔들리고, 넘어지고, 다시 일어났다. 그 과정에서 가장 크게 깨달은 사실은, 내가 흔들릴 때마다 잡아 주는 것은 계좌의 숫자가 아니라 문장 하나였다는 것이다. 누군가 남겨 둔 글귀, 책 속에서 우연히 만난 한 줄, 그리고 그것을 기록해 두었던 나의 노트가 결국 나를 붙잡았다.

흔들리던 시절, 중심이 없던 투자

처음 투자에 뛰어들었을 때 나는 온통 차트와 뉴스에만 매달렸다. 아침에 눈뜨자마자 시세를 확인했고, 빨간 숫자가 보이면 기분이 좋아졌다가 파란 숫자가 보이면 하루 종일 우울했다. 회사에서 회의 중에도 휴대폰을 몰래 켜서 시세를 확인했고, 점심시간마다 커뮤니티 글을 탐독했다.

그때는 나름대로 열정이라고 믿었다. 하지만 시간이 지날수록 분명히 알게 되었다. 그것은 열정이 아니라 불안의 발로였고, 두려움이 만든 강박이었다. 남들이 사라는 코인에 뛰어들고, 누군가 올린 전망에 휘둘리고, 조금만 흔들려도 매도 버튼을 눌렀다. 결국 남는 것은 손실과 후회였다.

그렇게 흔들리던 시절, 내게 부족했던 것은 기술이 아니었다. 차트나 지표를 몰라서가 아니었다. 내 마음을 붙잡아 줄 중심이 없었던 것이다.

문장 하나가 준 울림

그 중심을 처음 일깨워 준 것은 책 속의 한 문장이었다.

나는 빅터 프랭클의 《죽음의 수용소에서》를 읽으며 깊이 멈춰 섰다.

그는 살아야 할 이유가 있는 사람은 어떤 극한의 상황도 견뎌낼 수 있지만, 반대로 미래에 대한 믿음과 의지를 잃으면 죽음에 이르기도 한다고 강조했다.

책장을 덮은 뒤, 나는 한참을 멍하니 앉아 있었다. 극한의 상황 속에서도 누군가는 살아남았다. 그 차이를 만든 것은 환경이 아니라, 끝내 붙잡고 있던 '이유'였다.

그 문장은 내게 묻고 있었다.

"너는 왜 투자하는가? 단순히 돈을 벌고 싶어서인가, 아니면 분명한 이유가 있는가?"

한동안 머릿속을 맴돌던 질문은 결국 하나의 답으로 모였다.
"나는 가족 때문이다."

아이의 학비, 아내와 함께하고 싶은 미래, 더 이상 부모 세대처럼 불안에 흔들리지 않고 당당히 살고 싶은 마음. 그것이 내가 버텨야 하는 이유였다. 그날 이후로 투자는 단순히 돈의 문제가 아니었다. 삶을 지탱하는 이유와 연결된 여정이 되었다.

시장 변동 속에서도 원칙을 지키며 꾸준히 성과를 쌓아 나가는 것, 그리고 끝내 흔들리지 않는 나만의 시스템을 완성하는 길. 나는 그 길이 나를 지치게 하지 않고, 오히려 자유롭게 해 줄 것이라 믿는다. 아버지 세대가 보여 준 성실한 삶은 분명 존경스럽다. 그러나 그 치열한 성실이 원하는 자유를 주지 못했다는 사실은 내게 늘 묵직한 경고였다.

그리고 또 다른 책 속에서 나는 또 한 번 정신이 번쩍 들었다. 벤저민 그레이엄은 《현명한 투자자》에서 투자는 지키는 것에서 출발하며, 공격은 그 다음이라고 일깨워 주었다. 마치 인생에서 소중한 것을 먼저 지켜내야만 비로소 더 큰 성취를 이룰 수 있다는 교훈처럼 다가왔다.

나는 그 구절을 읽고 다시 책장을 덮은 채 한참을 생각했다. 그동안 나는 늘 공격만을 떠올렸다. 빨리 사서 빨리 팔아야 한다고 조급해했고, 기회를 놓치면 안 된다며 불안에 휩싸였다. 그러나 그 결과는 늘 같았다. 손실, 후회, 그리고 자책.

그레이엄의 철학은 마치 내 뺨을 세게 후려친 것 같았다.
"너는 지키지 못한 채 늘 무모하게 공격만 하지 않았느냐."

그날 이후 내 투자 노트의 첫 장에는 굵은 글씨로 이렇게 새겨졌다.
"지키는 것이 먼저다. 지키고 남을 때 비로소 불어난다."

프랭클의 문장은 내게 '왜 살아야 하는가?'라는 이유를 가르쳐 주었고, 그레이엄의 철학은 '어떻게 지켜내야 하는가?'라는 방법을 알려 주었다.

나는 이제 안다. 투자란 돈을 불리는 기술이 아니라, 이유를 지켜 내는 과정이며, 지켜낸 이유가 결국 돈을 불려 준다는 사실을.

기록이 시작되다

그 무렵 나는 문장을 기록하기 시작했다. 단순히 책에서 읽은 구절만 옮겨 적는 것이 아니라, 그날 내 마음이 어떤 상태였는지도 함께 적었다. 예를 들어 손실이 크게 난 날이면 "오늘은 두려움이 컸다. 그런데 책 속 문장이 나를 다잡아 주었다."라고 남겼다.

처음에는 어설펐다. 몇 줄 적고 마는 경우도 많았다. 그러나 시간이 지나자 그 노트는 단순한 기록장을 넘어 나의 거울이 되었다. 손실의 날, 그 노트를 다시 펼치면 과거의 내가 적어 둔 문장이 미래의 나를 위로했다. 마치 내가 스스로에게 보내는 편지 같았다.

글씨체는 삐뚤빼뚤했고, 때로는 화살표나 밑줄로 강조해 놓은 흔적이 남아 있었다. 하지만 그 속에는 분명히 살아 있는 나의 감정과 배움이 있었다. 기록은 그렇게 나를 조금씩 단단하게 만들었다.

큰 손실로 계좌의 숫자가 급격히 줄어들 때와 심장이 두근거릴 때마다 나는 본능적으로 노트를 펼쳤다. 거기에는 몇 달 전 내가 적어 두었던 문장이 있었다.
"지키는 것이 먼저다. 흔들리지 마라. 너는 이유가 있다."

그 문장을 읽는 순간, 가슴이 조금은 진정되었다. 돈을 잃은 것은 사실이었지만, 나는 여전히 가족과 함께 있었고, 여전히 버틸 힘이 있었다. 문장은 현실을 바꿔주진 않았지만, 내 시선을 다시 바로 세워 주었다.

기록은 단순한 습관이 아니었다. 그것은 나를 지켜 낸 무기였고, 동시에 내가 성장하고 있다는 증거였다. 계좌의 숫자는 오르내리지만, 노트 속 문장은 결코 줄어들지 않았다. 오히려 시간이 흐를수록 더 깊어지고, 더 단단한 나의 철학이 되어 갔다.

기록은 삶을 확장시키고, 문장이 만든 투자자
처음에는 투자만 기록했지만, 점차 그 습관은 삶 전반으로 확장되었다. 직장에서 힘든 일이 있었을 때, 아내와 갈등이 있었을 때도 나는 짧게나마 기록을 남겼다. "오늘은 화가 났다. 하지만 시간이 지나면 작은 일일 것이다."

그렇게 남긴 기록은 며칠 뒤 다시 나를 위로했다.
감정에 휘둘리던 순간들은 기록을 통해 객관화되었고, 시간이 지나면 웃으며 돌아볼 수 있는 사건으로 바뀌었다.

투자는 나를 성장시켰고, 기록은 그 성장을 흔들림 없이 붙잡아 주었다.

투자에서 배운 기다림과 원칙은 기록을 통해 삶 전반에 스며들었다.

투자에서 중요한 자산은 계좌의 숫자이기도 하다.
그러나 그 숫자를 지켜낼 힘은 결국 내 안에 쌓인 문장과 기록이었다.

그래서 오늘도 나는 노트를 펼친다.
좋은 문장을 만나면 옮겨 적고, 흔들리는 마음은 솔직히 써 내려간다.
왜냐하면 언젠가 미래의 내가 이 기록을 다시 읽으며 힘을 얻을 것을 알고 있기 때문이다.

내 노트의 첫 장에는 여전히 두 개의 문장이 적혀 있다.
"살아야 할 이유가 있는 사람은 어떤 상황도 견뎌 낼 수 있다."
"투자는 지키는 것이다. 지키고 남을 때 비로소 불어난다."

나는 오늘도 이 문장들을 내 삶 속에서 붙잡는다. 그 문장들이 나를 다시 일으켜 세우고, 나를 투자자로, 그리고 한 사람으로 성장시켜 주기 때문이다.

블로그에서 시작된 사유

책 속에서 얻은 울림을 혼자 곱씹는 것으로는 부족했다. 그 감정은 내 안에서만 머무를 때보다, 밖으로 흘려보낼 때 더 깊이 각인된다는 사실을 나는 조금씩 알게 되었다. 그래서 시작한 것이 블로그 기록이었다. 처음에는 가벼운 마음이었다. 누가 읽어 주지 않아도 상관없다는 생각으로, 단지 나 자신을 위해 남기면 된다고 여겼다.

그러나 시간이 흐르며 블로그는 단순한 기록장이 아니라 나를 단단하게 빚어 주는 거울이 되었다.
나는 〈한 줄의 문장이 삶을 바꿀 수 있다고 믿습니다〉라는 이름으로 블로그를 시작했다.
그리고 블로그에 두 개의 카테고리를 만들었다.

하나는 〈마음을 울리는 책속문장〉, 다른 하나는 〈인사이트 노트〉였다.

마음을 울린 문장을 옮기다

〈마음을 울리는 책속문장〉에는 내가 읽은 책에서 가장 가슴에 남은 문장을 그대로 옮겨 적었다. 인용구를 남기고, 그 아래에 짧게 내 생각을 덧붙였다. 얼핏 보면 단순한 기록 같았지만, 놀랍게도 그 과정은 내 마음의 무게를 조금씩 덜어 주었다.

문장을 옮겨 적으며 나는 두려움 속에서 무리하게 매수했다가 마음이 흔들렸던 순간들, 남보다 더 좋은 평단을 만들겠다고 욕심내다 실패한 경험. 기록 속에서 다시 마주한 것은 시장이 아니라 내 안의 조급함과 교만이었다. 글로 남기니 더 선명히 보였다.

처음에는 "이런 걸 누가 읽을까?" 싶었다. 그러나 시간이 지나자 그 글은 내게 거울이 되었다. 나의 실수를 문장으로 적어내면, 감정은 흩어지고 교훈만 남았다. 마치 쓰는 행위 자체가 상처 위에 약을 바르는 것처럼 느껴졌다.

또 다른 카테고리인 〈인사이트 노트〉는 단순히 문장을 옮기는 데서 그치지 않았다. 투자자로서, 아버지로서, 한 인간으로서 내가 느낀 점을 조금 더 길게 풀어냈다.

마음에 남은 문장을 옮겨 적을 때면, 나는 늘 내 삶과 겹쳐 읽으려 했다. 공통된 부분을 찾기도 했고, 때로는 나보다 앞서 걸어간 이들의 생각을 벤치마킹하며 내 삶에 적용하려 했다. 그렇게 글은 단순한 기록을 넘어, 내 삶을 비추는 거울이자 새로운 길잡이가 되어 주었다.

그렇게 곱씹다 보면 자연스레 내 습관과 태도까지 돌아보게 되었다. 그러다 떠오른 것이 바로 나의 분할매수 습관이었다.

작은 금액을 꾸준히 매수하는 것, 원칙을 노트에 적어두고 매일 확인하는 것, 그 사소한 습관들이 모여 내 투자를 바꾸고, 결국 내 인생의 흐름마저 바꾸고 있다는 확신이 들었다.

기록은 단순한 결과 보고가 아니라, 나의 태도를 다듬는 훈련이었다. 쓰는 동안 내 사고는 정리되었고, 모호했던 감정은 명확해졌다.

첫 댓글이 남긴 울림과 글쓰기가 투자에 준 영향

놀라운 것은, 나 혼자만의 기록이라고 생각했던 블로그에 댓글이 달리기 시작했다는 점이다. 어떤 이는 "오늘 제게 꼭 필요한 말이었어요."라고 했고, 또 다른 이는 "진심 어린 포스팅 너무나 잘 읽었어요. 이 문장을 저도 따라 적어 두겠습니다."라고 했다.

처음 그 댓글을 봤을 때의 감정은 아직도 잊을 수 없다. '내가 남긴 기록이 누군가의 하루를 바꿀 수도 있구나.' 단순히 나를 위한 글쓰기가 다른 사람에게 닿아 작은 파문을 일으킨다는 사실은 큰 충격이자 기쁨이었다.

나는 깨달았다. 책 속 문장을 기록하고 나누는 것은 단순히 나를 위한 일이 아니었다. 그것은 다른 이의 삶에도 울림을 전하는 일이었다. 그리고 그 파문은 역으로 나를 더 단단하게 만들었다. 내가 누군가에게 작은 울림을 줄 수 있다는 사실이, 오히려 내가 흔들리지 않고 기록을 이어 가야 할 이유가 되어 주었기 때문이다.

블로그 기록은 나의 투자에도 직접적인 변화를 주었다. 이전에는 투자 노트에 단순히 매매 결과만 남겨 두었지만, 블로그를 하면서는 다른 방식으로 나를 돌아보게 되었다. 블로그에는 가격이나 거래 내역을 쓰지는 않았다. 대신 책 속 문장을 옮기고, 그 문장이 지금 내 상황과 어떻게 닿아 있는지를 적었다.

예를 들어, 어떤 구절을 옮겨 적은 뒤 "오늘 나는 조급했다. 하지만 이 문장을 곱씹으며 다시 원칙을 떠올릴 수 있었다."라든지, "불안이 크게 몰려왔지만 기록을 남기며 마음이 조금은 진정됐다." 같은 느낌을 덧붙였다. 직접적인 매매 기록은 아니었지만,

오히려 그 과정이 내 투자 태도를 더 깊이 성찰하게 만들었다.

블로그에 글을 쓰는 행위는 단순히 좋은 문장을 옮겨 놓는 것이 아니라, 내 행동을 교정하고 태도를 바꾸는 강력한 장치가 되어 주었다.

글을 쓴다는 것의 의미

어느 날 아내가 내 블로그 글을 보고 말했다.
"당신이 이렇게까지 생각을 정리하고 글을 쓰는 줄 몰랐어."

그 말은 내게 큰 힘이 되었다. 때로는 글을 쓰는 시간이 아깝게 느껴지기도 했지만, 아내의 반응은 그것이 단순한 취미를 넘어 내 삶 전체를 바꾸는 과정임을 확인시켜 주었다.

아이들도 언젠가는 내가 남긴 블로그 글을 읽게 될 것이다. 언젠가 아빠가 어떤 마음으로 버텼고, 어떤 문장을 붙잡고 살았는지 알게 될 것이다. 그 사실을 생각하면 지금의 글쓰기가 단순한 기록을 넘어 미래로 건네는 메시지가 된다.

블로그를 시작할 때는 그저 책 속 좋은 문장을 옮겨 적고, 잠깐의 감상을 덧붙이는 정도였다. 그러나 지금은 다르다. 글을 쓰는 순간 나는 다시 한 번 배우고, 다시 한 번 다짐한다.

내가 남긴 문장을 누군가 읽고 공감해 준다는 사실은 놀라운 일이지만, 사실 가장 큰 수혜자는 언제나 나 자신이었다. 쓰는 동안 나는 내 사고를 정리하고, 다시 흔들리지 않을 힘을 얻는다.

책 속에서 울림을 얻고, 그것을 기록으로 남기며, 나누는 과정은 단순히 나를 위한 일이 아니다. 그것은 가족과, 독자와, 미래의 나와 이어지는 다리였다.
〈마음을 울리는 책속문장〉은 내가 만난 문장을 붙잡아 주는 등불이었고,
〈인사이트 노트〉는 그 뿌리를 내 삶에 박아 넣는 과정이었다.
오늘도 나는 책을 읽고, 마음을 울린 문장을 적고, 그 위에 내 생각을 덧붙인다. 글이 쌓이고, 기록이 쌓이며, 나는 조금씩 달라지고 있다.

| 글쓰기가 만든 성찰

글쓰기를 두려워하던 시절

나는 원래 글을 잘 쓰는 사람이 아니었다. 대학 시절 리포트를 제출하면 교수님은 늘 같은 지적을 했다. "문장이 너무 딱딱하다." 나름 열심히 썼다고 생각했는데, 돌아오는 피드백은 늘 형식적이고 생기가 없다는 것이었다. 직장에 들어와 보고서를 작성

할 때도 비슷했다. 상사는 "필요 이상으로 장황하다." 혹은 "핵심이 보이지 않는다."라는 말을 자주 했다. 그때마다 글쓰기는 내게 자신 없는 영역이었고, 그저 의무적으로 작성해야 하는 문서일 뿐이라고 여겨졌다.

그래서 나는 글쓰기를 '재능 있는 사람들만 잘할 수 있는 영역'이라고 단정 지었다. 소설가나 칼럼니스트, 혹은 글을 업으로 삼는 사람들에게만 어울리는 세계라고 생각했다. 나 같은 사람은 주어진 일을 숫자로 증명하고, 몸으로 부딪치며 결과를 만들어 내는 것이 맞다고 믿었다.

그런데 블로그에 기록을 남기기 시작하면서 생각이 달라졌다. 처음에는 단순히 책 속 문장을 옮겨 적는 수준이었다. 인용구를 베껴 적는 것 정도라면 큰 부담도 없었고, 특별한 능력도 필요하지 않았다. 그러나 문제는 그다음이었다. "왜 이 문장이 내 마음을 울렸는가?", "내 삶과 투자에 어떤 연결점이 있는가?"라는 질문에 답하려 할 때마다 손이 멈췄다.

그 순간 나는 글쓰기라는 행위가 단순한 기술이 아니라는 사실을 깨달았다. 글을 쓰려면 내 안을 들여다봐야 했다. 그저 감각적으로 스쳐 간 울림을 언어로 붙잡으려면, 그 울림이 내 삶 어디에 닿아 있는지 확인해야 했다. 그 질문 앞에서 나는 피할 수 없이 내 마음속을 응시했다.

고요 속에서 만난 글쓰기

파스칼은 《광세》에서 인간의 불행은 대부분 방 안에서 조용히 앉아 있지 못하는 데서 비롯된다고 했다.

나는 그 문장을 읽으며 고개를 끄덕였다. 맞다. 나는 늘 바쁘게 움직였다. 아침에는 시세를 확인하고, 점심에는 뉴스를 스크롤하고, 밤에는 커뮤니티 글을 뒤적이며 스스로 불안을 증폭시켰다. 늘 무언가를 하지 않으면 뒤처질 것 같았고, 잠시 멈추는 순간 세상이 나를 버리고 갈 것 같은 두려움이 있었다.

그러나 글을 쓰는 시간만큼은 달랐다. 그때만큼은 시세 앱을 껐다. 책을 펼쳐 놓고 한 문장을 붙잡고, 나와 대화하는 시간이었다. 방 안에 조용히 앉아 키보드를 두드리면서 나는 처음으로 파스칼의 말이 무엇을 의미하는지 체감했다. 글쓰기는 내게 고요를 허락했다.

글을 쓰는 동안 불안은 희미해졌다. 조급하게 뛰던 심장이 차분해졌고, 머릿속에서 소음처럼 울리던 걱정들이 잠시 멈췄다.

그리고 글을 마치고 나면 놀랍게도 마음이 정리되어 있었다. 투자자의 태도는 물론, 남편이자 아버지로서의 삶까지 글을 통해 조금씩 다듬어졌다.

글쓰기가 바꾼 태도

예전에는 힘든 일이 생기면 곧장 감정이 먼저 앞섰다. 손실이 나면 조급해져서 무리한 매매를 반복했고, 아내와 다투면 자존심이 상해 대화 대신 침묵을 택했다. 그러나 글을 쓰며 나는 감정을 언어로 옮기는 훈련을 했다. "오늘은 불안했다.", "조급했지만 참고 버텼다.", "후회가 남았다." 같은 짧은 기록들이 나의 태도를 바꾸기 시작했다.

단어로 정리된 감정은 더 이상 막연한 덩어리가 아니었다. 글자가 된 순간 그것은 대상화되었고, 나는 감정과 거리를 두고 바라볼 수 있었다. 그러자 투자에서의 조급함도, 관계에서의 화도 어느새 한결 누그러졌다.

나는 깨달았다. 글쓰기는 단순히 생각을 남기는 것이 아니었다. 그것은 나를 치유하는 과정이었다. 쓰는 동안 나는 나를 관찰했고, 그 관찰 속에서 변화가 시작되었다. 숫자와 차트에 매달려 불안해하던 나에서, 잠시 멈추고 글을 통해 내 마음을 다잡는 나로 바뀌었다.

그리고 이 변화는 투자에만 그치지 않았다. 가정에서도, 직장에서도 조금 더 차분해졌다. 아내와의 대화에서 불필요한 언성을 줄일 수 있었고, 아이들에게 조금 더 따뜻하게 다가갈 수 있었다. 글쓰기가 내게 준 가장 큰 선물은 바로 이 평온이었다.

그래서 이제는 확신한다. 글쓰기는 내게 투자만큼이나 중요한 훈련이었다. 투자가 숫자와 차트 속에서 흔들림을 견디는 훈련이라면, 글쓰기는 마음과 생각을 다잡는 훈련이었다. 그리고 이 둘은 결국 같은 곳을 향하고 있었다. 흔들리지 않는 나 자신을 만드는 것.

나는 여전히 매일 시장의 변동에 시험을 받는다. 그러나 블로그에 글을 남길 때마다 다시 중심을 회복한다. 투자는 돈을 지키는 훈련이었지만, 글쓰기는 나를 지키는 훈련이었다.

| 한 줄의 문장이 바꾼 삶

멈춰 세우는 문장, 내 삶의 거울

책을 읽다 보면, 수백 페이지의 내용보다 더 강렬하게 가슴을 두드리는 한 줄의 문장을 만날 때가 있다. 책장을 넘기던 손이 갑자기 멈추고, 눈길이 그 문장에 고정된다. 그 순간은 마치 누군가가 내 어깨를 두드리며 말하는 듯하다.

"이건 네가 꼭 기억해야 할 문장이야."

나는 그런 문장을 만날 때마다 습관처럼 밑줄을 그었고, 때로는 책장을 덮고 오랫동안 멍하니 앉아 있었다. 그 문장은 단순한 활자가 아니라 내 삶의 방향을 바꾸는 이정표였다.

거창한 목표보다 작은 습관

제임스 클리어는 《아주 작은 습관의 힘》에서 사람은 목표의 수준까지 올라가는 것이 아니라, 결국 자신이 가진 습관의 수준만큼 살아간다고 말했다. 나는 그 문장을 읽고 피식 웃었다. 내 모습이 그대로 비쳐 있었기 때문이다.

늘 "몇 년 안에 몇 억을 모으겠다.", "경제적 자유를 얻겠다." 같은 장대한 목표를 세웠지만, 정작 나의 습관은 초라했다. 아침에 눈을 뜨자마자 시세를 확인하고, 하루 종일 커뮤니티 글을 뒤적이며 조급함에 흔들렸다. 목표는 장대했지만 습관은 조급하고 충동적이었으니 결과는 뻔했다.

그러나 습관을 조금씩 바꾸자 상황은 달라졌다. 매일 일정한 시간 책을 읽고, 마음에 남은 문장을 기록했다. 정해진 금액으로 분할 매수를 반복했다. 처음에는 하찮아 보였지만, 그 단순한 반복이 내 태도를 바꾸기 시작했다. 기록을 남기며 감정을 객관적으로 바라볼 수 있었고, 습관을 통해 조급함을 다스릴 수 있었다. 계좌의 숫자가 달라지기 전, 먼저 달라진 것은 내 마음이었다.

편안하지 않다면, 그것은 투자일 수 없다

어느 날 혼자 산책을 하다가 문득 이런 생각이 스쳤다.

나에게 있어서 과연 좋은 투자란 무엇일까? 곰곰이 떠올리던 끝에, 결국 "마음이 편해야 하지 않을까?"라는 생각에 이르렀다.

그리고 자연스레 지난 투자의 기억들이 떠올랐다. 특정 코인을 매수한 뒤 며칠 동안은 좀처럼 잠을 이루지 못했다. 잔고를 확인할 때마다 '혹시 잘못 들어간 건 아닐까?'라는 불안이 따라붙었고, 그래프가 조금만 흔들려도 심장이 덜컥 내려앉았다. 거래소 앱을 닫고 나서도 손에서 휴대폰을 놓지 못했고, 길을 걷다가도, 심지어 아이들과 시간을 보내는 순간에도 내 마음은 늘 코인 차트에 붙들려 있었다.

결국 불안에 지쳐 손실을 감수하고 매도했던 날도 있었고, 단기적으로 이익을 본 날도 있었다. 그러나 시간이 지나고 보니 계좌의 수익률보다 더 선명히 남은 것은 불안과 후회였다. 그 모든 투자는 마음이 편하지 않았다. 단기적으로 돈이 조금 늘었을지 몰라도, 마음이 무너져 있었다면 그것은 결코 좋은 투자가 아니었다는 사실을 뒤늦게 깨달았다.

돌이켜보면 나는 마음 한편으로 편하지 않았다는 걸 알면서도 애써 외면했던 것 같다. 돈을 조금 더 벌었다는 성취감 뒤에는 늘 불안과 초조가 가려져 있었고, 결국 내 마음속을 떠나지 않던 후회의 그림자만이 선명히 남아 있었다.

그날 이후 나는 내 투자 노트 첫 장에 '마음이 편한 투자를 하자.'라고 크게 적어 두었다. 마음이 흔들릴 때마다 다시 돌아올 수 있도록. 그것은 단순한 투자 원칙을 넘어, 내가 어떤 삶을 살고 싶은지를 묻는 기준이 되었다. 돈이 목적이 아니라, 돈을 통해 지켜야 할 것은 결국 삶의 평안이었다.

시간이 흐르면서 나는 또 하나의 깨달음을 얻었다.
부는 언제나 조급한 자의 주머니에서 여유로운 자의 주머니로 이동한다는 것이다. 내가 하루에도 수십 번씩 코인 시세를 확인하며 등락에 일희일비하고, 작은 변동에도 마음이 무너져 내린다면, 그것은 결코 투자라 할 수 없다. 그런 태도는 투자자가 아니라 투기자의 모습일 뿐이다.

나는 투자에 있어 주식이든, 코인이든, 부동산이든 겉모습은 달라도 본질은 다르지 않다고 생각한다. 자산 투자의 길을 걷는다면 조정은 수도 없이 찾아올 것이다. 그런데 그때마다 스트레스에 짓눌리고, 스스로가 너무 괴로워 일상이 흔들린다면, 그것은 투자 자체의 문제가 아니라 내가 감내할 수 없는 자산을 쥐고 있기 때문일 것이다. 감내할 수 없는 것을 붙들고 있다면, 그 과정은 언제나 힘겨울 수밖에 없다.

너무 괴로운 나머지 일상생활에 지장이 생기며, 일하는 도중에도 화장실에 숨어들어 시세를 확인하고, 하루에도 수백 번씩 휴대폰을 켜 차트를 들여다봐야 한다면, 그것은 이미 경고 신호다. 그때는 스스로에게 물어야 한다.
"이 투자가 정말 내 성향에 맞는가?
나는 감내할 수 있는 범위 안에서 투자하고 있는가?"

투자는 단순히 돈을 불리는 과정이 아니라, 삶을 지켜내는 과정이어야 한다. 그렇지 않다면 그것은 투자가 아닌, 나를 소모시키는 투기일 뿐이다.

문장은 씨앗이 되고 기록은 뿌리가 된다

 책 속 한 줄의 문장은 내게 씨앗과 같았다. 처음에는 순간의 울림으로만 스쳐 지나갈 수 있었다. 그러나 내가 그 문장을 붙잡아 기록하는 순간, 단순한 울림은 내 삶에 뿌리를 내리기 시작했다.

 책 속 문장은 내 발걸음을 멈추게 했고, 기록은 그 문장을 내 삶 속으로 끌어들이는 다리가 되었다. 단순히 밑줄을 긋고 지나갔다면 잠깐의 울림으로 끝났을지도 모른다. 그러나 글로 남기고 내 일상과 연결할 때 비로소 그 문장은 뿌리를 내렸다. 마치 흙 속에 떨어진 씨앗이 햇빛과 물을 만나 싹을 틔우듯, 기록은 책 속 한 줄의 문장을 내 삶에 심는 과정이었다.

 그렇게 쌓인 기록은 시간이 흐르며 또 다른 빛을 발했다. 몇 달 뒤, 몇 년 뒤에 다시 읽으면 그때의 상황과 감정이 고스란히 떠올랐다. 같은 문장이었지만, 다시 읽을 때마다 새로운 깨달음을 주었다. 문장은 변하지 않았지만, 내가 달라져 있었기 때문이다. 그래서 기록은 단순한 반복이 아니라 성장의 축적이었다.

 이 과정 속에서 나는 글쓰기가 단순한 기록이 아니라 깊은 성찰임을 깨달았다. 한 줄의 문장이 주는 울림은 순간적일 수 있다. 하지만 그 문장을 붙잡아 글로 남기는 순간, 울림은 내 것이 된다. 더 이상 흘러가는 활자가 아니라, 내 삶의 일부로 자리 잡는다.

책 속 한 줄은 나를 멈춰 세웠고, 기록은 나를 변화시켰다. 불안에 휘둘리던 투자자는 차분히 원칙을 지키는 투자자로 바뀌어 갔다. 조급함과 후회 속에서 흔들리던 가장은 조금 더 여유롭게 아이들의 웃음을 바라볼 수 있게 되었다. 그 변화의 시작점은 언제나 책 속의 짧은 문장이었다.

나는 오늘도 책을 읽는다. 그리고 문장이 나를 멈춰 세우면 밑줄을 긋고, 기록을 남긴다. 때로는 짧게, 때로는 길게. 그 과정은 단순히 독서의 흔적이 아니라 나를 다듬는 과정이다. 책 속 한 줄이 내 삶을 바꾸었고, 지금도 바꾸어 가고 있다. 한 줄의 문장은 내게 잠시 머무는 울림이 아니라, 긴 시간을 두고 삶을 변하게 하는 씨앗이었다.

결국 나는 이렇게 정리할 수밖에 없다.
책 속 한 줄이 나를 멈춰 세우고, 기록이 그 문장을 내 삶 속에 뿌리내리게 했다. 그리고 그 과정 속에서 나는 조금 더 단단한 투자자, 그리고 더 따뜻한 아버지와 남편으로 자라 가고 있었다.

기록이 투자 철학으로 이어지는 순간

감정을 드러내는 거울로서의 기록

처음에 내가 기록을 시작한 이유는 단순했다. 인용구를 붙여 두고 짧게 내 생각을 덧붙이는 수준이었는데, 그것만으로도 마음이 묘하게 가벼워지는 순간이 있었다. 그저 좋은 문장을 모아 두는 창고 같은 역할을 한다고 여겼고, 특별한 의미까지는 부여하지 않았다. 그런데 시간이 조금씩 지나면서 기록은 전혀 예상하지 못한 힘을 발휘하기 시작했다.

특히 시간이 흘러 예전 글을 다시 읽을 때, 기록이 얼마나 중요한지 절실히 알게 되었다. 몇 달 전만 해도 '큰 위기'라며 전전긍긍했던 사건이, 돌이켜보면 아무것도 아닌 경우가 많았다. 당시에는 세상이 끝날 것처럼 두려웠지만, 시간이 지나 읽어 보니 오히려 그때의 조급한 매매가 더 큰 손실을 만든 경우도 있었다. 그뿐만 아니라 내 글 곳곳에는 욕심이 적나라하게 드러나 있었다. "조금만 더 오르면 팔겠다.", "이번에는 꼭 회복할 것이다." 같은 표현들이 반복되었는데, 당시에는 그럴듯한 판단이라고 믿었지만, 지금 와서 보니 단순한 기대와 자기 위안에 불과했다. 기록은 내 감정을 거짓 없이 보여 주는 거울이었고, 그래서 더 잔인할 만큼 솔직한 스승이 되었다.

나는 오랫동안 스스로 '생각한다.'고 믿어왔다. 하지만 기록을 하면서 알았다. 사실 대부분의 시간 동안 나는 단순히 '떠올리고 있을 뿐'이었다는 것을. 불안이 올라오면 불안에 잠기고, 욕심이 생기면 욕심에 휘둘렸다. 그러나 글로 적는 순간 상황이 달라졌다.

대상화된 감정은 통제할 수 있는 무언가로 바뀌었다. 마치 어두운 방에 불을 켜면 정체 모를 그림자가 사라지듯, 기록은 내 안의 불안을 빛 속으로 끌어냈다.

삶과 철학으로 확장된 기록

시간이 흐르자 기록은 내 일상 전반으로 번져 갔다. 투자뿐 아니라 가족과의 순간까지 글 속에 담기기 시작했다. 아이가 내 품에 안겨 속삭였던 말, 아내와 나눈 소소한 대화, 하루 동안 스쳐 지나간 작은 장면들이 기록 속에서 의미를 얻었다. "오늘 아이가 내게 '아빠, 오늘 같이 놀아서 좋아.'라고 했다. 이 말 한마디가 계좌의 수익률보다 더 큰 기쁨이었다." 이런 글을 남길 때마다 나는 다시금 깨달았다. 돈이 목적이 아니라, 결국 내가 지켜야 할 것은 삶의 평안과 가족의 웃음이라는 것을. 기록은 그 사실을 잊지 않게 해 주었다.

돌아보면 지금의 나는 기록이 만든 산물이었다. 처음에는 책 속 한 줄을 따라 적는 단순한 습관에서 출발했지만, 시간이 흐르며 그것은 나만의 철학으로 자라났다. 글을 쓰며 나는 나 자신을 돌아봤고, 원칙을 다졌으며, 흔들리던 마음을 붙잡을 수 있었다. 철학은 어느 날 갑자기 생기는 것이 아니었다. 매일의 작은 기록, 그 반복이 쌓여 어느 순간 철학이 되었다.

계좌의 숫자는 매일 변하지만, 기록은 변하지 않는다. 블로그에 남긴 문장과 일기의 흔적은 언제든 다시 나를 돌아보게 한다. 글 속의 원칙은 나의 나침반이 되고, 적어낸 감정은 더 이상 나를 지배하지 못한다. 결국 나는 이렇게 정리할 수밖에 없다. 기록은 단순한 메모를 넘어 나의 철학으로 이어졌다. 그리고 그 철학이야말로 시장의 파도 속에서 끝내 나를 지켜 주는 힘이었다.

| 기록은 나의 두 번째 투자

기록을 또 하나의 포트폴리오로 삼다

나는 이제 확신한다. 기록은 단순한 습관이 아니라 또 하나의 투자다. 주식이나 부동산, 비트코인에 돈을 넣는 것만이 투자가 아니었다. 나 자신을 성장시키는 데 시간을 쓰고, 마음을 다잡는 데 노력을 쏟는 것도 분명한 투자였다. 돈이 늘어나는 숫자만을 투자라 여겼던 시절과 달리, 지금의 나는 기록에 들이는 시간 또

한 내 인생의 포트폴리오 중 하나라고 말할 수 있다.

《리추얼》의 저자 메이슨 커리는 위대한 예술가들이 하루의 루틴을 통해 자신을 조율했으며, 그 루틴이야말로 재능을 지탱하는 보이지 않는 토대였다고 말했다. 나는 그 구절을 읽고, 이것이 투자자에게도 똑같이 적용된다는 확신을 갖게 되었다. 시장은 언제나 출렁였고, 차트의 등락은 내 힘으로 통제할 수 없었다. 그러나 오늘의 기록은 오롯이 내 손에 달려 있었다. 내가 쓴 글, 내가 남긴 메모, 내가 정리한 생각은 변하지 않고 내 것이 되었다.

실제로 어떤 날은 매매에서 실패했고, 어떤 날은 가족과의 갈등으로 하루가 엉망이 되었다. 그러나 그 모든 날에도 기록을 남기면 이상하게도 마음 한구석에서 작은 불씨가 피어올랐다.

기록이 쌓여 철학이 되다

'오늘도 흔들렸지만, 적어도 기록은 남겼다.' 이 작은 문장이 내 안에서 자라며 매일의 버팀목이 되었다. 시간이 흘러 그 기록들은 단순한 일기의 차원을 넘어 나만의 철학으로 변해 갔다. 기록을 돌아볼수록 분명한 문장들이 내 안에 자리를 잡았다.

"투자는 결국 나 자신과의 싸움이다."

"돈은 삶을 지탱하는 힘이지, 삶을 삼키는 주인이어서는 안 된다."

"투자는 단순하다. 결국 기다림이다."

이 문장들은 처음부터 내 것이 아니었다. 책 속에서 만난 구절, 실패와 좌절 속에서 깨달은 경험들이 기록을 통해 차곡차곡 쌓이며 다져진 결과였다. 매일의 기록은 작은 돌멩이였지만, 그 돌멩이들이 모여 내 철학이라는 단단한 제방을 만들어 주었다.

더 나아가 기록은 내 투자를 장기적인 안목으로 바라보게 만들었다. 예전에는 하루 단위의 등락에 일희일비했다. 오늘 조금 오르면 기뻐했고, 내일 조금 떨어지면 낙담했다. 그러나 기록을 하면서부터는 시야가 달라졌다. 글 속에서 반복되는 나의 감정을 발견하고 나니, 단기적인 등락은 의미 없는 소음일 뿐이라는 사실을 점점 받아들일 수 있었다. 기록이 나를 현재의 감정에 묶어 두는 게 아니라, 더 큰 시간의 흐름 속에서 바라보게 해 주었기 때문이다.

고통을 지나 깨달은, 투자의 의미

나는 처음 투자에 발을 들였을 때, 알트코인으로 큰 실패를 겪었다. 단기간에 큰 수익을 얻을 수 있을 것이라 믿고 무리해서 들어갔다. 차트는 잠시 나를 환호하게 했지만, 곧바로 추락했다. 계좌의 수치는 빠르게 줄어들었고, 그만큼 내 마음도 무너졌다. "역시 나는 안 되는구나. 그냥 포기해야 하나?"라는 생각이 하루에도 수십 번씩 스쳐 갔다.

처음에는 단순히 돈을 잃은 것이 괴로웠다. 하지만 시간이 지날수록 더 아팠던 건 내 자신에 대한 실망이었다. 욕심 때문에, 조급함 때문에, 남의 말에 휩쓸려 선택했음을 알고 있었기 때문이다. 차라리 시작하지 않았더라면 이런 후회와 좌절도 없었을 것이다. 그래서 더 포기하고 싶었다.

그 무렵, 나는 우연히 한 권의 책을 집어 들었다. 우석 작가의 《부의 본능》이었다. 그는 투자를 하지 않았다면 실패의 고통은 피할 수 있었을지 몰라도, 배움과 성장 또한 얻을 수 없었을 것이라고 했다. 자신은 자유를 얻기 위해 투자했고, 결국 그 자유를 손에 넣었다고 고백했다.

그 문장은 마치 나를 향해 직접 건네는 듯했다. 나는 책장을 덮고 한참을 멍하니 앉아 있었다. 순간 깨달았다. 투자는 고통을 피하는 길이 아니라, 고통을 통과하며 성장하는 길이라는 것을. 실패가 끝이 아니라, 나를 달라지게 만드는 시작일 수 있다는 것을.

그때 나는 결심했다. 포기하지 않고 다시 투자자로 서겠다고.

처음 시장에 들어오면 누구나 이렇게 다짐한다.
"이번 상승장이 내 인생을 바꿀 거야. 지금이 마지막 기회야."
그러나 시간이 지나 알게 된다. 기회는 늘 다시 오지만, 그것을 마지막이라고 믿는 조급함이 가장 큰 함정이었다는 것을.

나 또한 그랬다. 비트코인이 아닌 알트코인에 한 방을 걸고, 결과적으로 더 깊은 상처를 입었다.

나는 내 자신을 인정했다. 나는 특별한 트레이더가 아니다. 남들처럼 차트를 완벽하게 읽어 내는 능력도, 뉴스의 흐름을 누구보다 빠르게 잡아내는 촉도 없었다. 내가 잠깐 번 건 내 실력이 아니라, 단지 시장이 좋았기 때문이었다. 그 사실을 인정하고 나서야 비로소 다짐할 수 있었다.

장기투자가 내 길이고, 내가 붙들 자산은 오직 비트코인뿐이다.
하지만 여기서 더 중요한 건 '비트코인'이라는 이름이 아니다.
누군가는 주식을 붙들고, 누군가는 부동산을 붙든다.
형태는 다를지라도 본질은 같다고 생각한다.

중요한 것은 나의 성향과 맞는 자산, 그리고 내가 끝까지 지켜낼 수 있는 철학을 찾는 것이다.

차라리 하지 않았다면 고통은 피할 수 있었을지 모른다. 그러나 그 고통 속에서만 배우는 것들이 있다. 실패 속에서만 깨닫는 진실이 있다. 그래서 나는 실패를 감수하더라도 결국 투자를 해야 한다고 믿는다.

빠른 돈은 내 것이 아니었다.
나에게 맞는 길은 오래 버티고 천천히 쌓아 가는 길이었다.
그래서 나는 장기투자를 택했다. 그것이 내 철학이고, 내 생존 방식이다.

결국 투자는 단순한 돈벌이가 아니다.
고통을 지나며 배우고, 실패 속에서만 깨닫게 되는 삶의 방식이다.
나는 그 과정을 통해 비로소 알게 되었다.
투자의 의미란, 흔들리는 세상 속에서 끝까지 자신을 지켜낼 힘을 찾는 것임을.

그리고 이 깨달음을 독자에게도 전하고 싶다.

"어떤 자산을 선택하든, 결국 당신만의 철학을 가지는 것이 투자의 본질이다."

불씨가 등불이 되기까지

돌아보면 책 속 문장은 내게 불씨였다. 무심코 읽은 한 줄이 마음속에 오래 남아, 다시 펜을 들게 만들었다. 블로그는 그 불씨를 불길로 키워 준 장작이었다. 처음엔 짧은 글 한 편, 짧은 기록 하나로 시작했지만, 그것들이 쌓이며 나를 단단하게 붙잡아 주었다.

투자일지는 그 불길을 꺼뜨리지 않는 등불이었다. 흔들릴 때마다 기록을 펼쳐보면 그 안에는 어제 흔들렸던 내가, 그러나 끝내 버텨 낸 내가 있었다. 그 글을 읽으며 나는 스스로를 다독였다. "어제도 버텼는데 오늘이라고 못 버틸까?" 기록은 그렇게 내 불안을 이겨 낼 증거가 되어 주었다.

나는 이제 말할 수 있다. "투자는 숫자의 싸움이 아니라 태도의 싸움이다. 그리고 그 태도를 붙잡아 주는 가장 강력한 도구가 바로 기록이다." 시장은 언제나 출렁인다. 계좌의 숫자는 하루에도 수십 번 바뀐다. 그러나 기록은 변하지 않는다. 어제 남긴 글은 오늘의 나를 지켜주고, 오늘의 글은 내일의 나를 붙잡아 줄 것이다.

그래서 나는 오늘도 기록한다. 책 속에서 건진 문장 한 줄, 시장에서 느낀 공포와 탐욕, 가족과의 갈등 속에서 얻은 깨달음. 이 모든 기록은 결국 내 철학을 만든다. 그리고 언젠가 이 기록들이 모여 한 권의 책이 될 것이다. 그 책은 단순한 투자 기록이 아니라, 내 삶의 증거이자 나 자신이 될 것이다.

나는 믿는다. 한 줄의 문장이 삶을 바꿀 수 있다고. 내게 그랬듯, 독자에게도 언젠가 불씨가 될 한 문장이 있을 것이다. 그 문장을 붙잡고 기록한다면, 당신의 삶도 달라질 수 있다.

- 9장을 마치며 -

마인드와 기록에 대한 성찰

나는 투자뿐만 아니라 이 세상을 살아가는 데 있어 가장 중요한 것은 마인드라고 믿는다.

어떤 마인드로 세상을 바라보고, 어떤 태도로 매 순간을 맞이하느냐가 결국 인생의 성패를 가른다고 생각한다. 돈보다 더 무서운 건 잘못된 마음가짐이다. 돈은 잃어도 다시 벌 수 있지만, 마인드를 잃으면 다시 시작조차 어렵다.

할 수 있다는 믿음, 긍정적인 사고방식, 그리고 실패해도 다시 일어나는 힘. 이 모든 것은 결국 생각의 차이에서 비롯된다.

작은 생각 하나가 태도를 바꾸고, 태도는 습관이 되며, 습관은 인생의 방향을 정한다. 그리고 그 모든 바탕에는 마인드가 있다.

마인드는 단순히 태도와 습관을 넘어서, 결국 내 삶과 투자 전체를 움직이는 근본이었다. 그리고 나는 경험 속에서 깨달았다.

마인드는 철학적 태도에 머무르는 것이 아니라, 동시에 감정을 다스리고 원칙을 지켜내는 힘이어야 한다는 것을. 불안과 탐욕이 몰려올 때 흔들리지 않고, 두려움 속에서도 원칙을 잃지 않도록 지켜 주는 실천의 힘, 그것이 바로 마인드였다.

그래서 나는 이렇게 정리한다. 생각은 순간적으로 떠오르는 정신 활동에 그치지만, 마인드는 그 사람의 감정과 가치관, 태도까지 품어내는 더 큰 그릇이다.
긍정적인 마인드를 가진 사람은 어려움 속에서도 기회를 발견하고, 실패를 배움의 기회로 삼는다.
반면 부정적인 마인드를 가진 사람은 같은 상황에서도 좌절하고 쉽게 포기한다.
이처럼 마인드는 우리를 성공과 실패의 갈림길에서 어느 쪽으로 이끌지 결정하는 힘이다.
결국, 생각과 마인드를 어떻게 관리하고 가꾸느냐가 삶의 방향과 깊이를 정한다.

나는 가난과 부 역시 결국 마인드에서 비롯된다고 믿는다.
가난은 단순히 돈이 없는 상태가 아니라, 가능성을 보지 못하는 마음의 상태일 수 있다.
반대로 부는 통장 잔고보다 먼저, 넉넉하게 바라보고 도전하는 마음에서 시작된다.

부족함은 채우면 되고, 실수는 고치면 된다. 중요한 것은 어떤 마인드로 다시 일어설 것인가이다.

투자는 언제나 불확실하다. 내일 어떤 변수가 터질지, 어떤 위기가 닥칠지 아무도 알 수 없다. 그렇다고 매 순간 불안에 짓눌려 멈춰 선다면 아무 일도 일어나지 않는다. 중요한 것은 실행하고, 필요하다면 고치고, 또 새롭게 시작하는 유연한 사고와 도전하는 마인드다.

시장은 늘 우리의 예상을 배반한다. 그러나 흔들리지 않고 자신의 중심을 지킬 수 있는 사람은 꺾일 때마다 부러지지 않고, 오히려 휘어지며 다시 제자리를 찾아간다. 그 차이가 끝내 살아남는 힘을 만든다.

그리고 또 하나의 중요성은 기록이었다.

마인드가 방향을 잡아 주는 힘이었다면, 기록은 그 방향을 끝까지 지켜 내게 하는 힘이었다. 나를 끝까지 붙잡아 준 것은 단순한 의지나 열정이 아니었다. 대단한 기술이나 특별한 정보도 아니었다. 그저 한 줄의 문장을 붙잡고, 그것을 기록하며 나만의 언어로 되새겼던 순간들이었다.

그렇게 쌓인 글들은 계좌의 숫자와는 전혀 다른 차원의 복리를 만들어 주었다. 돈은 불어날 수도 줄어들 수도 있지만, 기록으로 남긴 사유와 배움은 결코 줄어들지 않는다. 시간이 흐를수록 더 단단해져 다시 나를 지켜 준다.

그래서 나는 확신한다. 기록은 나의 두 번째 투자다. 첫 번째 투자가 돈을 불리는 것이라면, 두 번째 투자는 나를 지키는 것이다. 그리고 이 두 번째 투자가 결국 첫 번째 투자보다 더 큰 힘을 준다.

계좌의 수익률은 남들에게 보여 줄 수 있는 숫자지만, 기록의 복리는 내 삶 전체를 흔들림 없이 지켜 주는 진짜 자산이었다. 앞으로도 시장은 요동칠 것이고, 공포와 탐욕이 교차할 것이다. 수많은 뉴스와 소문이 나를 흔들겠지만, 이제 나는 안다. 돈보다 더 중요한 건 마인드이고, 그 마인드를 단단하게 지켜 주는 건 기록이라는 사실을.

나는 앞으로도 매일 기록하고, 배우고, 상상하며, 투자자로서 1%의 길을 걸어갈 것이다. 그리고 그 길의 끝에서, 단순히 돈이 많은 사람이 아니라 흔들림 없는 투자자이자 원하는 삶을 살아가는 사람이 되어 있을 것이다.

그리고 이 말을 독자에게 꼭 전하고 싶다.

"돈은 불어날 수도 있고, 줄어들 수도 있다. 오늘은 늘어난 것 같아도 내일은 줄어 있을 수 있고, 그 변동은 누구도 완벽히 예측할 수 없다. 그러나 기록은 다르다. 한 줄의 기록은 결코 줄어들지 않는다. 쌓이는 기록은 사라지지 않고, 시간이 흐를수록 오히려 더 단단한 자산이 된다. 내가 오늘 남긴 짧은 문장이 내일의 나를 붙잡아 줄 수도 있다. 흔들리는 마음을 다잡아 주고, 다시 일어설 힘을 건네준다. 숫자로 남지 않는 그 복리야말로 인생을 끝까지 버티게 하는 가장 강력한 무기다."

그러니 기록하라. 그것이 당신의 두 번째 투자다.
돈의 증감이 당신의 계좌를 흔들 수는 있어도, 기록의 축적은 당신의 삶 전체를 흔들림 없이 지켜 낼 것이다. 그리고 언젠가 당신이 걸어온 길을 돌아보는 순간, 그 기록은 단순한 글이 아니라 당신의 삶 자체가 되어 있을 것이다.

에필로그

작은 불빛이라도, 누군가의 길 위에

돌아보면 내 삶은 특별하지 않았다.
실패도 많았고, 불안에 흔들리며 무너진 날도 있었다.

그러나 책 속에서 만난 한 줄의 문장,
그리고 매일 적어 내려간 작은 기록들이
나를 다시 일으켜 세워 주었다.

돈은 삶을 지탱하는 기둥이 될 수 있지만,
삶을 따뜻하게 채워 주는 건 결국
가족과의 오늘,
그리고 마음을 붙잡아 준 한 줄의 문장들이었다는 것을.

그래서 나는 이 글을 남긴다.
누군가 이 책을 펼쳤을 때,

내 경험담이 거창한 가르침은 아닐지라도
작은 위로와 용기가 되기를 바란다.

어쩌면 누군가의 지친 하루에
작은 불빛 하나가 필요할지도 모른다.
그 불빛이 내 기록에서 비롯된다면,
그것으로 충분하다.

나는 여전히 믿는다.
한 줄의 문장이 삶을 바꿀 수 있다는 것을.
그리고 오늘의 이 기록 또한
언젠가 누군가의 마음에 닿아
그들의 길 위에 작은 불빛이 되기를 바란다.

감사의 글

이 책을 끝까지 읽어 주신 독자 여러분께 먼저 깊은 감사를 드립니다.

제 이야기에 귀 기울여 시간을 함께해 주셨다는 사실이 제겐 무엇보다 큰 축복입니다.

혹시 이 글이 누군가의 인생 한 모퉁이에서 작은 위로와 용기가 된다면, 그것이 제가 이 책을 쓴 가장 큰 보람일 것입니다.

무엇보다 부모님께 깊은 감사를 드립니다.

어린 시절, 근검절약으로 우리 가족을 지켜 주신 부모님의 삶은 단순한 생활습관이 아니었습니다. 그 버팀과 절약은 제 마음속에 깊이 새겨져 오늘의 저를 만들었고, 지금 이 길에 설 수 있는 힘이 되었습니다.

그리고 제 삶의 길목마다 따뜻한 격려와 조언을 주고, 때로는 옆에서 함께 걸어 주신 모든 분들께도 감사드립니다.

무엇보다, 이 길을 끝까지 함께해 준 아내와 아이들께 이 책을 바칩니다.

투자의 실패로 지쳐 돌아온 날에도 묵묵히 기다려 준 아내,

"아빠, 재미있어."라며 제 품에 안겨 잠든 아이의 한마디는 어떤 수익보다 값진 선물이었습니다.

당신들의 존재가 없었다면, 저는 다시 일어설 힘을 얻지 못했을 것입니다.

이 책의 모든 글자에는 당신들이 제게 준 버팀과 사랑이 고스란히 스며 있습니다.

돌아보면, 제가 무너졌던 시절 처음 저를 다시 일으켜 세운 것은 책 속의 한 문장이었습니다.

그러나 그 불씨를 꺼뜨리지 않고 지켜낸 것은 제 안에서 조금씩 움튼 작은 용기였습니다.

타인의 위로나 동정은 잠시 힘이 되었지만, 결국 다시 일어설 수 있게 한 것은 제 안에서 버텨 낸 믿음과 성찰이었습니다.

세상은 생각보다 냉혹했고, 끝내 내 삶에 책임져 줄 수 있는 사람은 나 자신뿐임을 알게 되었습니다.

조언은 분명 등불이 될 수 있지만, 그 불빛을 따라 걸을지는 결국 저의 선택이었습니다.
남의 말이 아닌 내 안의 목소리에 귀 기울이고, 선택의 책임을 기꺼이 지는 것. 그것이 제가 배운 가장 중요한 교훈이었습니다.

혹시 지금 이 글을 읽는 분들 중에도 힘든 시간을 보내고 있다면, 제 경험이 전하는 작은 목소리를 기억해 주셨으면 합니다.
"스스로를 믿고, 자기 안에서 답을 찾으라." 그 길은 더디지만 반드시 단단해집니다.

책을 쓰겠다고 처음 마음을 내비쳤을 때, 돌아온 건 따뜻한 격려보다 조심스러운 의심에 가까운 시선들이었습니다.
그러나 그 시선조차 저를 단단하게 만들었습니다. 말로 증명할 수 없다는 것을 알았기에, 행동으로 보여 주어야 한다는 다짐이 제 안에서 피어났습니다. 그 작은 걸음들이 차곡차곡 쌓여 결국 지금의 저를 만들었습니다.

끝으로, 독자 여러분께 다시 말씀드립니다.
한 줄의 문장이 삶을 바꿀 수도 있습니다.
저를 다시 일으켜 세운 것도 책 속 한 문장이었고, 이 책을 끝까지 완성하게 한 것도 스스로의 결심이었습니다.

옆에서 함께 걸어 주신 모든 분들께도 감사드립니다.

무엇보다, 이 길을 끝까지 함께해 준 아내와 아이들께 이 책을 바칩니다.

투자의 실패로 지쳐 돌아온 날에도 묵묵히 기다려 준 아내,

"아빠, 재미있어."라며 제 품에 안겨 잠든 아이의 한마디는 어떤 수익보다 값진 선물이었습니다.

당신들의 존재가 없었다면, 저는 다시 일어설 힘을 얻지 못했을 것입니다.

이 책의 모든 글자에는 당신들이 제게 준 버팀과 사랑이 고스란히 스며 있습니다.

돌아보면, 제가 무너졌던 시절 처음 저를 다시 일으켜 세운 것은 책 속의 한 문장이었습니다.

그러나 그 불씨를 꺼뜨리지 않고 지켜낸 것은 제 안에서 조금씩 움튼 작은 용기였습니다.

타인의 위로나 동정은 잠시 힘이 되었지만, 결국 다시 일어설 수 있게 한 것은 제 안에서 버텨 낸 믿음과 성찰이었습니다.

세상은 생각보다 냉혹했고, 끝내 내 삶에 책임져 줄 수 있는 사람은 나 자신뿐임을 알게 되었습니다.

조언은 분명 등불이 될 수 있지만, 그 불빛을 따라 걸을지는 결국 저의 선택이었습니다.

남의 말이 아닌 내 안의 목소리에 귀 기울이고, 선택의 책임을 기꺼이 지는 것. 그것이 제가 배운 가장 중요한 교훈이었습니다.

혹시 지금 이 글을 읽는 분들 중에도 힘든 시간을 보내고 있다면, 제 경험이 전하는 작은 목소리를 기억해 주셨으면 합니다.
"스스로를 믿고, 자기 안에서 답을 찾으라." 그 길은 더디지만 반드시 단단해집니다.

책을 쓰겠다고 처음 마음을 내비쳤을 때, 돌아온 건 따뜻한 격려보다 조심스러운 의심에 가까운 시선들이었습니다.

그러나 그 시선조차 저를 단단하게 만들었습니다. 말로 증명할 수 없다는 것을 알았기에, 행동으로 보여 주어야 한다는 다짐이 제 안에서 피어났습니다. 그 작은 걸음들이 차곡차곡 쌓여 결국 지금의 저를 만들었습니다.

끝으로, 독자 여러분께 다시 말씀드립니다.
한 줄의 문장이 삶을 바꿀 수도 있습니다.
저를 다시 일으켜 세운 것도 책 속 한 문장이었고, 이 책을 끝까지 완성하게 한 것도 스스로의 결심이었습니다.

혹시 이 책에서 건져 올린 짧은 문장이 있다면, 그 문장이 당신의 내일을 지켜 주는 불빛이 되기를 바랍니다.

이 책은 제 목소리로 쓰였지만, 결국은 당신의 삶 속에서도 울림이 되기를 바라는 마음으로 남깁니다.

참고문헌

사유의 등불이 되어 준 책들

이 책을 집필하는 과정에서 다음의 책들로부터 깊은 영감과 통찰을 얻었습니다.

저자의 사유와 성찰에 든든한 밑거름이 되어 준 책들을 이 자리에 감사의 마음으로 남깁니다.

- 롭 무어, 《레버리지》, 다산북스
- 벤저민 하디, 《퓨처셀프》, 상상스퀘어
- 빅터 프랭클, 《죽음의 수용소에서》, 청아출판사
- 벤저민 그레이엄, 《현명한 투자자》, 국일증권경제연구소
- 파스칼, 《팡세》, 민음사
- 제임스 클리어, 《아주 작은 습관의 힘》, 비즈니스북스
- 메이슨 커리, 《리추얼》, 책읽는수요일
- 우석, 《부의 본능》, 토트출판사

버팀에서 원칙으로

ⓒ 김환일, 2025

초판 1쇄 발행 2025년 12월 8일

지은이	김환일
펴낸이	이기봉
편집	좋은땅 편집팀
펴낸곳	도서출판 좋은땅
주소	서울특별시 마포구 양화로12길 26 지월드빌딩 (서교동 395-7)
전화	02)374-8616~7
팩스	02)374-8614
이메일	gworldbook@naver.com
홈페이지	www.g-world.co.kr

ISBN 979-11-388-5023-0 (03320)

- 가격은 뒤표지에 있습니다.
- 이 책은 저작권법에 의하여 보호를 받는 저작물이므로 무단 전재와 복제를 금합니다.
- 파본은 구입하신 서점에서 교환해 드립니다.